本书获渤海大学"应用经济学"学科点建设经费资助，同时本研究也得到教育部人文社会科学研究项目"环境友好型农业技术采纳的农户行为及其对激励响应的机制研究——以秸秆还田技术为例"（No.18YJC790172）、辽宁省社会科学规划基金项目"辽宁省农户秸秆资源化利用行为：影响因素、形成机理及激励政策研究"（No.L17BJY003）和渤海大学校内博士启动项目"农户采用循环农业技术行为及优化路径研究"的资金支持，为其阶段性研究成果，特此感谢！

Theoretical Analysis and Empirical Research on Farmers' behavior in

AGRICULTURAL CIRCULAR
ECONOMY

农业循环经济中农户行为
理论分析与实证研究

王志刚　吕　杰　◎著

中国财经出版传媒集团

经济科学出版社
Economic Science Press

在当前全球积极推进节能减排、发展低碳经济的大背景下，改善生态环境，建设资源节约型、环境友好型社会，发展农业循环经济，对实现农业的可持续发展至关重要。2015 年，中共中央、国务院印发的《关于加大改革创新力度 加快农业现代化建设的若干意见》（中央一号文件）明确指出，要推进农业绿色发展，加强农业面源污染治理，深入开展测土配方施肥，大力推广生物有机肥、低毒低残留农药，开展秸秆、畜禽粪便资源化利用和农田残膜回收区域性示范，按规定享受相关财税政策，落实畜禽规模养殖环境影响评价制度，大力推动农业循环经济发展。"十二五"循环经济发展规划要求推动农业资源利用节约化、生产过程清洁化、产业链接循环化、废物处理资源化，形成"农林牧渔"多业共生的循环型农业生产方式，改善农村生态环境，提高农业综合效益。因此，积极发展循环农业作为一项迫切需要实施的重大任务，对于解决"三农"问题、改善农业生态环境、实现全社会可持续发展具有重要的理论意义和现实价值。

本书是关于农户参与农业循环经济行为及其绩效评价的理论和实证研究，具体地说，是为描述和解释农户参与循环农业行为的内在机理、动因及其影响因素而构建一个理论框架及分析方法，并结合实地调查和相关统计年鉴数据对理论与模型进行检验，旨在探求如何提高农户参与循环农业工程积极性，加大秸秆和畜禽粪便等农业废弃物资源化综合利用程度，为政府制订促进循环农业健康和稳定发展的具体政策，提供理论依据和参考。

本书共分七章，其主要内容概括为三部分。

第一部分，农户参与循环农业行为描述统计分析（第四章）。主要描述了研究区自然、社会、经济和农业发展状况，根据实地调研数据，统计描述受访农户个体和家庭基本特征，对比分析各地区农户家庭经济状况及收入结构，进一步描述分析农户参与循环农业过程中认知及态度、日常生产行为、新技术采用行为和废弃物处置行为，最后对循环农业发展的外部环境及现状进行评价。

第二部分，生产过程中农户参与循环农业行为的决定因素和作用机理分析（第五章）。首先，运用计量模型分析产前农户有机肥投入选择意愿的主要影响因素和作用方式；其次，利用计量模型分析产中农户循环农业技术采用行为的影响因素和变量边际效应；最后，采用计量模型分析产后农户农作物秸秆处置行为的影响机理和作用方式。

第三部分，农户循环农业技术运用及废弃物利用绩效评价（第六章）。首先，运用 DEA 分析法，分别对种植和养殖农户是否采用循环农业技术的生产效率进行对比测算；其次，从时间序列角度，估算研究区农作物秸秆产量及其转换资源价值量的变化趋势，根据肉牛每日秸秆采食量，估算在不同秸秆饲用率下，用秸秆养殖肉牛的最大化潜在数量；最后，对比分析研究区畜禽粪便和同期化肥施用量中所含氮、磷、钾养分含量，估算出有机肥与化肥之间的替代率及变化趋势。

基于以上内容分析，本书提出以下四点政策启示。

一是在农户参与循环农业相关利益行为主体间博弈分析方面，政府在循环农业规划方面要做好顶层设计者角色，通过给予补贴和奖励优惠政策引导农户参与循环农业建设，对农户破坏生态环境的行为，要加大监管力度，同时，向农户提供循环农业建设技术和资金支持；完善农户和企业合约条款内容，增加违约成本；通过农业废弃物利用技术创新，进一步提高农业废弃物资源经济价值。

二是在农户参与循环农业生产行为方面，加大农户对循环农业认知程度，提高农户文化素质，强化农户环境保护意识和农产品质量安全意识；合理规划农业区域发展，大力发展有机设施农业；增强农业废弃物综合利用技术创新，加强农户循环农业技术指导和培训力度；建立良好的循环农业发展外部环境条件。

三是在农作物秸秆资源化综合利用方面，加大秸秆综合利用宣传教育，提高农户对秸秆资源认知程度；对实行秸秆资源化利用的农户给予财政补贴和奖励；加大秸秆综合利用技术研发力度，进行技术示范和推广；建立以企业为龙头，以农户为主体，以农业合作社为纽带的秸秆资源化循环利用体系。

四是在畜禽粪便资源化利用方面，要加强畜禽养殖场规范化和标准化管理，健全相关法律体系；强化技术攻关，解决企业有机肥料资源化利用关键技术；政府提供财政扶持和优惠政策，使有机肥经济正外部性内在化；强化有机肥市场规范化管理，提高准入门槛和质量标准；积极出台一系列管理手段，进行宏观性政策引导。

目录 CONTENTS

第一章

绪　论

第一节　研究背景和意义

在全球积极推进节能减排、发展低碳经济的大背景下，农业作为关系民生的基础产业，实现农业的可持续发展至关重要。近年来，随着我国经济快速发展和人口不断增加，水、土地、能源、矿产等资源日益紧缺，农业生态破坏和环境污染越来越严重。在我国水资源利用中，农业用水量占总用水量的70%[①]，我国耕地面积为1.3亿公顷，人均耕地面积仅为0.11公顷/人，不到世界人均水平的一半[②]，2012年我国农作物秸秆可收集量约为7亿吨，占理论秸秆资源量的83.3%[③]，但随着农村商品能源多样化普及和生活水平提高，大量秸秆被遗弃或焚烧，不仅资源利用率低，而且造成环境严重污染。在水、土地、能源和矿产等资源日益短缺的条件下，一味地追求粗放式高产农业增长，其结果就会导致各种化学用品（如化肥、农药及塑料薄膜等）的过度超量投入，我国每年使用4600多万吨化肥和约130万吨农药，而利用率分别为30%和

[①]　周震峰、王军、周燕等：《关于发展循环型农业的思考》，载于《农业现代化研究》2004年第5期。

[②]　彭珂珊：《中国人口、土地、灾害问题与持续发展》，载于《生态经济》2000年第5期。

[③]　王舒娟、蔡荣：《农户秸秆资源处置行为的经济学分析》，载于《中国人口·资源与环境》2014年第8期。

40%左右①，单位播种面积化肥量是世界平均水平的3倍，农药年产量和使用量均高居世界榜首，其中高毒杀虫剂占总产量的56%，因大量使用化肥和农药而污染的土地资源超过2187万公顷，约占耕地总面积的16%，湖泊与河流中的污染负荷有50%以上源于非点源污染，来自农业面源污染的约占1/3，以上化学用品的过量投入已引发农业全方位立体污染，造成严重的农产品质量安全问题，还导致温室气体对气候变化诸多负面影响等现象②。为解决农业自然资源日益紧缺、生物质资源严重浪费和生态环境不断恶化等诸多问题，迫使我们要认真探讨新的农业发展模式与体制的变革。

目前，在保持农业持续增长的条件下，改善农业生态环境，提高资源利用效率，减少农业环境污染，发展循环农业已引起政府乃至全社会的广泛关注。"十二五"规划强调，要加快建设资源节约型、环境友好型社会、提高生态文明水平，积极应对全球气候变化，大力发展循环经济，增强可持续发展能力，并作为加快转变经济发展方式的重要着力点。党的十八大报告要求"加快建立生态文明制度，健全国土空间开发、资源节约、生态环境保护的体制机制，推动形成人与自然和谐发展现代化建设新格局"。2012年12月12日国务院发布《"十二五"循环经济发展规划》，要围绕提高资源产出率，健全激励约束机制，积极构建循环型产业体系，推动再生资源利用产业化，推行绿色消费，加快形成覆盖全社会的资源循环利用体系。在农业领域推动资源利用节约化、生产过程清洁化、产业链接循环化、废物处理资源化，形成"农林牧渔"多业共生的循环型农业生产方式，改善农村生态环境，提高农业综合效益。2015年中央一号文件明确指出，要实施农业环境突出问题治理总体规划和农业可持续发展规划。加强农业面源污染治理，深入开展测土配方施肥，大力推广生物有机肥、低毒低残留农药，开展秸秆、畜禽粪便资源化利用和农田残膜回收区

---

① 王萍辉：《农业循环经济发展的现状与思考》，载于《农业经济》2008年第10期。

② 温铁军：《新农村建设中的生态农业与环保农村》，载于《环境保护》2007年第1期。

域性示范，按规定享受相关财税政策。落实畜禽规模养殖环境影响评价制度，大力推动农业循环经济发展。因此，以遵循生态规律为原则积极发展循环农业作为一项迫切需要实施的重大任务，对于解决"三农"问题、改善生态环境、实现全社会可持续发展将具有重要的理论意义和现实价值。

本书研究目的是通过构建农户参与循环农业产前、产中和产后行为理论模型，对研究区循环农业发展现状和农户参与行为进行统计描述，利用相关计量模型分析农户参与行为的影响因素和作用机理，并对比分析种植和养殖农户采用循环农业技术生产效率，估算研究区农作物秸秆和畜禽粪便资源化利用的潜在价值，探求如何提高农户参与循环农业的积极性，加大农业废弃物资源化利用程度，为政府区域循环农业政策的制定提供科学依据。

第二节 研究目标和内容

一、研究目标

（1）从产前、产中和产后三个方面，分别构建农户有机肥投入选择行为模型、农户循环农业技术采用行为模型和农户农作物秸秆处置行为模型，并利用相关计量模型分析农户以上三种行为的主要影响因素和作用机理。

（2）运用数据包络（DEA）分析法，对种植农户是否采用秸秆还田技术和养殖农户是否采用酒糟养牛技术的生产效率进行对比分析，验证农户采用循环农业生产技术的有效性。

（3）估算研究区农作物秸秆产量，从时间序列角度分析秸秆资源价值量的变化趋势，并利用肉牛养殖每日秸秆采食量，测算出秸秆养牛潜力最大化数量；估算研究区畜禽粪便产量和农业化肥施用量中所含氮、磷、钾养分含量，对比分析两者之间替代率和变化趋势。

二、研究内容

本书在文献回顾与数据收集的基础上，利用农户行为理论、外部性理论、循环经济理论等相关经济学理论和方法，建立农户参与循环农业产前、产中和产后行为理论分析框架，并对农户循环农业技术采用及废弃物利用绩效进行评价，以期探求提高农户参与循环农业的积极性和加大农业废弃物资源化利用程度。具体来说，共分为以下五部分内容：

（1）构建本书的相关理论分析模型。首先，构建农户在不同时期有机肥投入选择决策模型，并借鉴黄宗智（Huang，1979）及黄武等（2012）的数理模型，引入新的变量，构造农户循环农业技术采用行为及其影响机理分析框架；其次，构建农户农作物秸秆处置行为模型，探讨了投入要素对农户处置秸秆数量的影响和作用机理；最后，依据成本—效益理论，构造农业废弃物资源化利用行为模型，从社会角度和私人角度分析了农业废弃物资源利用最优化数量之间差异，并阐述如何通过政策和技术因素增加农业废弃物资源最优化数量。同时，对农户与循环农业相关利益行为主体之间进行博弈分析，以揭示农户与农户之间、农户与企业之间以及农户与政府之间相互作用方式和影响机理，进而形成政府、企业和农户之间互利互动的良性循环农业发展模式。

（2）研究区农户参与循环农业行为描述统计。首先，对研究区自然、社会和经济状况进行概述，描述样本区域农业发展状况；其次，通过实地调研数据，描述和分析研究区受访农户自身特征、家庭基本特征，并比较区域间农户家庭平均年收入结构，统计描述了农户参与循环农业中认知及态度、日常生产行为、新技术采用行为、废弃物处置行为等内容；最后，对循环农业发展外部环境及现状进行评价。

（3）从产前、产中和产后三个方面探讨农户参与循环农业行为的影响因素与作用机理。首先，采用二元 Logistic 回归模型，分析农户对有机肥投入选择意愿的影响机理和作用方式，提出种植结构和上年农产品价格等因素对农户有机肥决策行为有重要影响；其次，利用 Probit 回归模型，分析农户对循环农业技术采用行为的影响因素和作用程度；最后，运用多元 Logistic 回归模型，分析农户对农作物秸秆处置行为的影响机理和作用方式，并针对以上三种农户行为进行总结，提出相应政策启示。

（4）农户采用循环农业技术及废弃物利用绩效评价。首先，利用数据包络（DEA）分析法，分别对种植农户是否采用秸秆还田、养殖农户是否采用酒糟养牛循环农业技术的生产效率作对比分析，以检验农户采用循环农业技术生产的有效性；其次，利用 2006～2013 年的面板数据，农作物草谷比系数和统计年鉴数据，估算研究区农作物历年农作物秸秆产量，同时，从时间序列角度分析秸秆资源价值量的变化态势，并通过肉牛养殖每日营养量估算出秸秆日采食量，进而测算出在不同秸秆饲用率的条件下秸秆养殖肉牛的最大化潜在数量。利用畜禽粪便中所含养分量比例系数和统计年鉴数据，分别测算 2006～2013 年中研究区畜禽粪便资源和化肥施用量中所含氮、磷、钾养分含量，对比分析两者之间的替代率和变化趋势。

（5）探讨提高农户参与循环农业的积极性和加大农业废弃物资源化利用程度的有效措施。

第三节　概念界定和数据来源

一、概念界定与研究范围

（一）农户

农户，即农民家庭，是以血缘和婚姻关系为基础组成的农村最基层的社会单位，既是一个独立的生产单位，又是一个独立的生活单位①。

---

① 中国农业百科全书总编辑委员会：《中国农业百科全书·农业经济卷》，中国农业出版社 1988 年版。

（二）行为

行为指人对环境刺激做出反应和适应的过程。美国行为主义心理学家沃森把行为分为可从外部观察的外显行为和需用仪器观测的内潜行为，他认为行为是人对其他人或事物的刺激的反应，经后天学习或实践形成的活动，广义的人类行为包括心理活动和社会实践活动，狭义的人类行为是指人类的社会实践活动[①]。农户作为农业生产主体，其行为包括投资行为、生产行为、消费行为和决策行为等一系列活动，农户生产行为不只是个体行为，同时更是一种群体性生产行为。

（三）循环农业

循环农业，即循环生产模式的农业，是以农业可持续发展理论和生态学系统规律为指导，运用循环经济学原理和方法，以经济效益为驱动力，尽可能提高资源及废弃物利用效率，减少污染排放，保护生态环境平衡，将农业生产系统与农业生态系统紧密结合，形成"资源—产品—废弃物—再生资源"的闭合循环式流程，使农业生产活动对自然环境的负面影响达到最小化，最终实现经济效益、环境效益和社会效益最大化的新型农业经济发展模式，实现农业生态良性循环与农村社会和谐发展。其本质特征是农业产业链接循环化、资源节约和废弃物资源化利用（周震峰等，2004；宣亚南等，2005；尹昌斌等，2006；邓启明、黄祖辉，2006；章家恩等，2010；吴景贵等，2011）。

本书的研究范围主要为研究区农户参与循环农业建设过程中一系列行为。其既包括农户生产和生活中自发需求参与行为，又包括政府政策引导下农户参与行为，具体包括循环农业中农户农业生产行为，农户生活消费行为，农户对循环农业的认知及参与意愿，农户的环境保护意识，农户对农业合作社、涉农企业和政府的作用与功能感知等行为，其中农户参与循环农业生产行为主要包括产前农户生产资料投

---

① 金炳华：《哲学大辞典》（上），上海辞书出版社2007年版。

入行为、产中农户循环农业技术采用行为和产后农户农业废弃物处置行为。

二、数据来源

本书所采用数据主要来源于三个方面：一是来自 2013 年 7 月沈阳农业大学课题组对辽宁省辽中县 5 镇 21 村农户的实地调研，共获得 408 份有效调查问卷。之所以选择辽中县作为研究对象，主要基于以下几个方面考虑：首先，辽宁省是我国粮食主产区，而辽中县是全国商品粮基地县、全国畜禽生产基地，作为粮食主产区之一，其农作物秸秆资源丰富，农业废弃物处置和利用问题亟待解决；其次，辽中县是全国百强县，人口密集，农业生产和经济发展具有典型性，区域间经济发展水平存在差异，这对全国经济发展不平衡的区域有一定借鉴意义；最后，前期研究有一定基础，对该区域相关数据和资料比较容易获取，使研究能够顺利开展。二是来自 2007～2014 年《沈阳农村统计年鉴》和《沈阳统计年鉴》中关于辽中县农林牧渔总产值、农业生产情况、畜牧业生产情况及农业主要技术设施等相关数据。三是来自研究区辽中县地区相关政府部门（包括经济和信息化局、环境保护局、动物卫生监督管理局等）及各个调研地区乡镇政府所提供的数据。

第四节　研究方法和技术路线

一、研究方法

本书在对循环农业中农户行为及其绩效具体分析过程中，采用了数理模型分析法、博弈论方法、比较分析方法、统计分析方法和相关经济计量模型等方法。对于每部分的研究内容，具体应用的研究方法为：

第一部分内容：理论模型分析法、数理模型分析法和博弈论分析法。

（1）理论模型分析法：本书拟从社会和经济因素、农业废弃物利用技术变化、农户的感知和响应、政策和环境因素方面，以成本—效益理论为基础，农户"理性经济人"假设为前提，构建了农户循环农业技术采用行为及其影响机理分析框架与农户农业废弃物处置行为差异分析框架。

（2）数理模型分析法：在本部分将在农户行为"理性经济人"假设下，构建农户在不同时期有机肥投入选择模型，比较在农产品销售价格变动和农作物产量变动条件下表现出不同的收益，从而决定农户有机肥投入决策行为。同时，借鉴黄宗智（Huang，1979）、冯伟等（2011）、袁文华和孙日瑶（2012）、黄武等（2012）的分析模型，分别在其理论基础上，引进土地、劳动力和资本变量，构建农户处置农作物秸秆数理模型，通过对农户家庭追求短期利润最大化问题求解得出农户处置秸秆数量的决定因素，分析三者在其中的作用和影响。依据成本—收益分析框架，在抽象化的农户和企业之间构建农业废弃资源化利用分析模型，分别从社会角度和私人角度分析农业废弃物资源最优化数量的差距和原因，进而证明政府决策者的公共政策和农业废弃物利用技术进步对增加农业废弃物资源最优化数量的作用。

（3）博弈论分析法：本部分将农户参与循环农业相关行为主体作为决策单元，在理性决策主体假设下，分别分析了农户与农户之间、农户与企业之间及农户与政府之间的完全信息静态博弈分析，为形成政府、企业和农户之间互利互动的良性循环农业发展模式提供参考依据。

第二部分内容：问卷调查方法、对比分析方法、经济计量模型方法。

（1）问卷调查法：本书中部分数据来源于实地调研，采用问卷调查法，在自然科学基金项目资助下，导师组织课题组成员，20多位硕士和博士研究生在老师带领下，针对辽宁省沈阳市辽中县地区的农户采用入户访谈或"一对一"面谈等方式进行实地调研。

（2）对比分析法：本书拟根据调查受访农户参与循环农业行为相关数据，对受访农户家庭基本特征、循环农业认知及态度、日常生产行为、新技术采用等相关行为进行对比分析。通过对比农户不同农作物秸秆处置方式，构建计量模型探讨了不同农户之间在秸秆处置行为方面的差异。

（3）经济计量模型法：本书将通过二元 Logistic 回归模型、Probit 回归模型以及多元 Logistic 回归模型分别对产前农户有机肥投入选择行为、产中农户循环农业技术采用行为与产后农户农作物秸秆处置行为及其相关影响因素进行计量经济分析，以实证农户个体特征、家庭经营特征、生产经营状况和外部环境对三者行为的影响机理。

第三部分内容：经济计量模型法、统计分析法、对比分析法。

（1）经济计量模型法：本书拟采用数据包络（DEA）分析法，对比分析农户在玉米种植生产中采用秸秆还田和没有采用秸秆还田之间的生产效率；对比分析农户在养殖肉牛生产过程中采用酒糟养牛和没有采用酒糟养牛之间的生产效率，进而验证农户采用循环农业技术生产的有效性。

（2）统计分析法、对比分析法：本书拟采用面板数据，依据《沈阳农村统计年鉴》和《沈阳统计年鉴》数据、相关文献农作物草谷比系数，结合实地调查数据，测算出研究区农作物秸秆产量，测算并对比分析农作物秸秆转换各种资源的价值量；通过肉牛养殖每日秸秆的营养量和采食量，估算出在不同秸秆饲用率的条件下农作物秸秆养殖肉牛的潜力最大化数量。利用畜禽粪便所含养分量比例系数，测算畜禽粪便中所含氮、磷、钾养分含量，并对比分析同期化肥施用量中相应养分含量，进而估算出有机肥对化肥的替代率和变化趋势。

二、技术路线

本书的技术路线如图 1-1 所示。

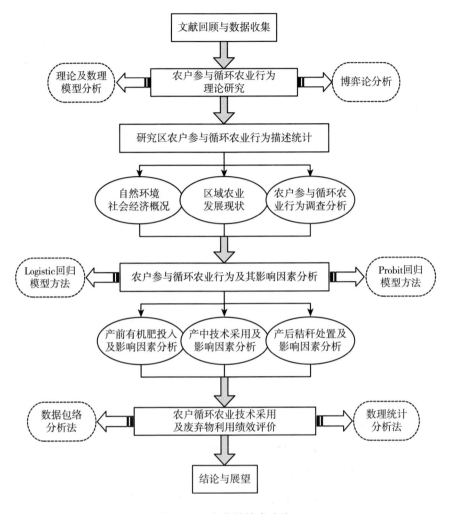

图 1-1　本书的技术路线

第五节　主要创新点

1. 在理论模型构建方面

本书对黄宗智（Huang, 1979）、袁文华和孙日瑶（2012）、黄武等（2012）模型研究基础进行了发展，在农户参与循环农业过程中，构建了产前农户有机肥投入选择行为模型，证明了农作物产品价格变化率和农作物产量增加率对农户有机肥投入决策行为的影响；构建了产中农户循环农业技术采用行为理论分析框架，分析了农户循环农业技术采用决策单元与农业废弃物利用决策单元之间相互感知、响应及匹配关系；构建了产后农户农作物秸秆处置行为模型，分析了土地、资本及劳动力对农户处置秸秆数量的影响和作用机理；构建了农业废弃物资源化利用行为模型，分别从社会与私人角度分析农业废弃物资源最优化数量差异，证明了政策支持与技术进步对增加农业废弃物资源化利用最优化数量的决定作用。

2. 在研究方法应用方面

利用多元 Logistic 回归模型方法对农户农作物秸秆不同处置方式，进行两两对比分析，揭示出农户秸秆不同处置行为主要影响因素和作用机理，克服单一的二分类农户秸秆处置方式的不足。

3. 在研究视角方面

本书在对玉米种植农户和肉牛养殖农户生产效率测算中，从是否采用秸秆还田技术的角度和是否采用酒糟养牛技术的角度，分别对比分析两者投入产出过程中生产技术效率，以验证农户采用循环农业生产技术的有效性。

在研究区农业废弃物资源化利用方面，一是通过测算研究区农作物秸秆资源总量，并根据实地调研中肉牛养殖每日主要配料及秸秆采食量，估算出在全国、辽宁省和地区的三种不同秸秆饲用率下，农作物秸秆养殖肉牛的潜力最大化数量。二是以 2006~2013 年面板数据为基础，对比分析畜禽粪便所含氮、磷、钾养分含量和同期化肥施用量中所对应的养分含量，从动态上测算出畜禽粪便有机肥对化肥的替代率及变化态势，从而显示出有机肥资源化利用的巨大潜在价值。

第二章

文献综述

本章首先对农户行为理论、循环经济理论和外部性理论进行回顾，并对国内外学者关于农户有机肥选择投入行为、循环农业技术采用行为、农作物秸秆资源处置行为、农业生产技术效率和农业废弃物资源化利用的经验研究及实证研究进行综述，最后对以上研究相关文献进行评述，进而为本书的研究提供依据和借鉴。

第一节　经典理论回顾

一、农户行为理论

农户作为农业生产的主体，其行为包括投资行为、生产行为、消费行为、决策行为等一系列活动，这些行为归根结底可以看作经济行为，农户的经济行为理论的前提假设为"理性人"假设，也称为"经济人"假设。目前学术界关于农户行为理论主要分为三类：形式经济学派，以美国经济学家舒尔茨（Schult，1964）为代表；实体经济学派，以苏联经济学家恰亚诺夫（Chayanov，1927）为代表；历史学派，以加州大学黄宗智（Huang，2000）为代表。

（一）形式经济学派

该学派以舒尔茨（Schult，1964）的《改造传统农业》为代表作，他认为农户如同企业家一样都是"经济人"，生产要素的配置投入行为符合帕累托最优原则，即发展中国家的家庭农业是"贫穷但有效率的"。后来，波普金（Popkin，1979）在《理性的小农》进一步论述舒尔茨观点，他认为，小农是一个在权衡长、短期利益之后，为追求利益最大化而作出合理生产决策的人。总之，传统农业中，农户的生产要素配置是合理有效率的，农户的行为是理性的，传统农业的停滞不进源于边际投入下的收益递减，若现代化技术要素投入能够保证利润在现有价格上获得，农户会成为利润最大化的追求者。他们主张改造传统农业的方式不应削弱农户生产组织功能和自由市场体系，而应该在合理的成本下，持续不断供应现代化生产要素。

（二）实体经济学派

该学派以恰亚诺夫（Chayanov，1927）的《农民经济组织》为代表作，他认为农户具有"既是生产者又是消费者"的双重特征，并采取引入农民对家庭劳动主观评价的方法构建一个农户模型。该农户模型的核心是家庭效用的最大化理论，即对一个农民家庭而言，田间劳动是辛苦乏味的，但为了满足家庭需要，他们又需要通过劳动来获得收入，因此农民家庭存在获得收入和规避劳动这两个相互对立的目标。总之，恰亚诺夫认为，农户家庭的主要目的是以满足家庭消费需要为主，而不是利润最大化，而满足家庭消费等同于自给自足的自然经济，追求的生产低风险而并非利益最大化，他认为农户经济行为具有落后保守、低效率和非理性的行为特征。在其之后，波兰尼（Polanyi，1957）在继承恰亚诺夫理论的基础上，从哲学层面和制度维度来分析农户经济行为，认为在资本主义市场出现之前，农户经济行为根植于当时特定的社会关系中，应把经济行为过程与当时社会制度过程相结合作为一种特殊的方法和框架来研究农户经济行为。后来斯科特（Scott，1976）在波兰尼研究基础上提出了"道义经济"命题，在《农民的道义经济学：东南亚的反叛与生存》一书中指出，农户追求的不是收入最大化，而是较低的风险分配和较高的生存保障，并认为农户反叛的原因不是贫穷，而是农业商品化和官僚国家发展所催生的租佃和税收制度，他们的经济行为遵循"生存法则"。

（三）历史学派

该学派是以黄宗智（Huang，2000）为代表的历史学派。该学派通过对中国近现代华北平原和长江三角洲农业发展的调查分析，总结出中国农村经济的"过密化"生产特点。并提出"拐杖理论"，即小农生产如同虚弱病人，要依靠手工业和雇工收入等非农兼业手段来支撑生活，后者如同前者的拐杖。这是由于农业剩余劳动力过剩，耕地面积受其限制，其边际报酬收益很低甚至为零，而如果要实现"反过密化"，应该依靠乡镇工业和副业的发展来减少对传统农业的依赖。

二、循环经济理论

20 世纪中期之后，全球经济迅速发展，人类在享受丰富的物质文明的同时，也开始承受能源短缺、生态破坏和环境污染等所衍生的不良影响，1962 年美国经济学家肯尼斯·鲍尔丁提出"宇宙飞船理论"，后来被学者认为是循环经济思想的萌芽。之后在短短 30 多年时间里，美国、日本、欧盟等发达国家或地区对发展循环经济进行大量实践和探索。

（一）循环经济的基本内涵

国内外学者从不同的角度对循环经济概念的理解作出不同的解释，但归根结底，循环经济发展的目标是在保持经济稳定增长的同时最大限度节约利用资源和保护环境。循环经济的基本内涵主要包括：（1）循环经济根本目标是经济与生态环境协同发展；（2）循环经济发展表现形式是物质资源减量化；（3）循环经济是一种人与自然的和谐形态体现；（4）循环经济是一种全新的经济发展运行模式。

（二）循环经济的基本原则

循环经济的基本原则来源于杜邦公司的"3R 制造法"，即"减量化（Reduce）、再利用（Reuse）、再循环（Recycle）"原则，其中在整个循环经济过程中，减量化被视为输入端方法，再利用侧重于生产过程，再循环被视为输出端方法。

（1）减量化原则。该原则要求从输入端减少资源投入量和在输出端减少废弃物排放量。在生产源头上，尽量减少生产中原料和资源的投入量，遵循"节水、节地、节能、节力、节材"，提高资源利用率；在生产输出端上，尽量减少生产终端废弃物排放量，降低废弃物对周围环境的负面影响。同时，在消费过程中，树立资源节约的理性消费观，保障生存消费，减少或消除资源浪费性消费。

（2）再利用原则。该原则要求产品在完成使用功能后尽可能转变为重复利用的资源。在生产中强调各产业中产业链之间衔接化，即上游产业排放的废弃物，通过技术转化为下游产业输入端的原料资源投入；在生活中大力发展耐用产品，减少一次性产品使用；在产品设计中，尽量考虑产品的模块化可拆卸性和部件的可重复利用，延长产品使用寿命。

（3）再循环原则。该原则要求生产或产品使用完成后，所排出和使用后的废弃物重新变成再生资源。前者如畜禽粪便通过发酵后转变为绿色有机肥，通过还田重新被农作物吸收利用；后者如废弃的金属、玻璃、塑料、木屑等可变为原有形态的再生资源。

（三）传统经济和循环经济的区别

从两者发展目标来看，传统经济追求的是经济效益最大化原则，而循环经济则追求的是经济、社会和环境效益最大化原则；从两者发展方式上，传统经济是一种"资源—产品—废弃物排放"的单向流动、线性经济，循环经济是一种"资源—产品—废弃物—再生资源"的多项流动、闭合循环经济；从生产过程来看，传统经济一般采用高开采、高投入、低利用、高排放的生产方式，而循环经济一般采用低开采、低投入、高利用、低排放的生产方式；从两者的理论基础来看，传统经济以传统产业组织理论为基础，而循环经济以生态经济学、资源与环境经济学及产业生态学等为基础；从两者的产业间关系来看，传统经济产业之间往往存在一种竞争关系，而循环经济产业之间往往存在一种共生、合作关系；从两者发展模式来看，传统经济是一种资源浪费、环境污染的粗放型发展模式，而循环经济是一种资源节约、环境友好的集约型发展模式（见表2-1）。

表2-1 传统经济与循环经济之间的区别

名称	传统经济	循环经济
目标	经济效益最大化	经济、社会和环境效益最大化
发展方式	单向流动、线性经济	多项流动、闭合循环型经济
过程	高开采、高投入、低利用、高排放	低开采、低投入、高利用、低排放
理论基础	传统产业组织理论	生态经济、资源与环境经济学、产业生态学等
产业间关系	竞争关系	合作、共生关系
模式	资源浪费、环境污染的粗放型发展	资源节约、环境友好的集约型发展

资料来源：笔者根据相关资料整理所得。

三、外部性理论

外部性理论为环境经济学重要理论基础。最早系统研究外部性经济理论的是19世纪末英国经济学家马歇尔（Marshall，1890）。马歇尔在《经济学原理》一书中首次提出"外部经济"一词。他指出所谓内部不经济和外部不经济分别是因为企业内部和外部因素变化引起的生产成本的变化，这种研究视角为其他学者后续研究提供了良好基础。

经济学家庇古（Pigou，1920）在《福利经济学》一书中对"外部经济"和"外部不经济"进行了区分。他从社会和私人的角度研究了社会福利问题，建立了较为完备的静态技术外部性理论。他指出由于自利心理导致了私人净边际产品与社会净边际产品相背离，造成福利损失，从而导致资源配置难以实现帕累托最优。他主张用公共财政政策上的补贴和税收来将边际社会私人净边际产品提高到社会净边际产品的水平，即对存在"正外部性经济"效应的企业给予补贴，对存在"负外部性经济"效应的企业进行征税，庇古税被广泛应用于自然环境的污染治理中。

科斯理论提出了解决负外部性问题的另一种思路，即产权界定。科斯产权界定的政策的核心思想是外部效应的影响明确为某种产权关系，当交易费用合理可行时，主张通过当事人间的自愿达到外部性内部化的结果。科斯理论在 20 世纪 70 年代成功运用到环境污染问题的管理实践中，同时也证明除政府实施干预外，还有其他措施可以解决"市场失灵"的问题。

第二节　国内外研究现状

一、农户有机肥投入选择行为

近 20 年来，随着化肥产业的不断发展，我国的化肥施用量平均每年以 157 万吨（折纯量）的速度递增，为粮食产量的增收起到重要作用，与此同时，我国化肥的施用强度达到了世界水平的 1.6 倍以上[①]。然而，化肥的大量使用也给农业和社会带来了很多负面效应，据报道，化肥是导致中国农业面源污染的主要诱因之一，而农业的面源污染（即非点源污染）又是我国水体和空气污染的重要来源（张伟理等，2004；何浩然等，2006），并且过量施用化肥可以导致土壤板结，肥力下降，不但增加了农业投入生产成本，而且引发食品质量安全问题，而利用有机肥或传统的农家肥却能够改良土壤、培育肥力、改善农产品质量、增加粮食产量、防治水体污染，对农业可持续的发展具有重要意义。农户作为农业经营中粮食生产者和肥料使用者，其生产行为对农业生态环境的平衡起

---

① 万劲松：《生产成本对 21 世纪初期粮食生产影响的分析》，载于《宏观经济研究》2004年第 9 期。

着关键的作用，如何在保证农业粮食增产的条件下引导农户减少化肥的投入量，同时增加有机肥和农家肥的施用量，并借以改善农业生态环境，这是迫切而重大的现实问题。

目前，关于农户有机肥投入行为方面的研究，主要集中在以下几个方面。

一是农户个体和家庭特征对农户施用有机肥的行为影响。例如，一些学者（Taylor and Miller，1978；Waithaka et al.，2007；刘梅等，2009）认为教育程度高对农户采用环境友好型的技术投入有显著的正向作用。

二是关于农户农业经营状况对农户施用有机肥行为的影响。有研究表明，耕地规模较大的农户对施用农家肥投入有显著负向影响（朱彩虹等，2012），但也有研究表明，家庭耕地面积的规模对农户化肥投入有显著的正向影响（徐卫涛等，2010；吴丽花，2010；张峰，2011）；农户家庭种植业收入比重越低的农户越愿意采用降低氮肥施用量，同时说明，增加农户非农收入的比重，可以有效降低化肥施用量（马骥、蔡晓羽，2007）；农户在对土地保护性技术投入过程中，也会考虑投入—产出效益分析，如果农户认为耕地收益较低，就会减少对保护性投入行为的积极性（陈美球等，2008；巩前文等，2008）；何浩然等（2006）研究显示，农户是否施用有机肥这一因素对农户耕地化肥投入施用量并非是替代关系，而是存在一定的互补关系，在某种程度上来讲，施用过有机肥的农户甚至会增加肥料的施用强度。但同时部分学者研究表明，农户是否施用有机肥投入会降低农户对化肥的施用量，两者之间存在一定的替代关系（马骥，2006；马骥、蔡晓羽，2007；Waithaka et al.，2007；茹敬贤，2008；张利国，2008）；还有学者研究表明，农户家庭是否有畜禽养殖往往会增加有机肥投入的可能性（许庆、章元，2005；钟太洋等，2011；褚彩虹等，2012）。威廉姆斯（Williams，1999）对非洲西部农户的有机肥实施行为进行分析，得出畜禽养殖、种植户和养殖户的结合往往可以提高农户对有机肥投入实施的可能性。农户技术培训指导因素往往可以对有机肥的推广和应用起作用，使农户了解到施用有机肥或农家肥的益处，从而提高农户有机肥投入的可能性（何浩然等，2006；马骥、蔡晓羽，2007；徐卫涛等，2010；褚彩虹等，2012）。钟太洋等（2011）研究表明，农户家庭的非农活动时间每增加 1 个月，其农户选择有机肥投入的发生比就会降低 11.8%，其他的研究学者也同样证明了农户家庭的非农就业因素对农户实施有机肥行为存在有显著的负向影响（何浩然等，2006；褚彩虹等，2012），但是来自西非半干旱地区的农户调查显示，农户当年参加非农就业时间却对农户有机肥选择投入有显著的正向影响（Waithaka et al.，2007）。

三是关于外部环境因素对农户有机肥投入行为的影响。巩前文等（2008）研究表明耕地离家距离越远的农户，其施用有机肥或农家肥的成本相对要高于施用化肥，故农户施用有机肥的可能性会降低。钟太洋等（2011）认为由于农户距县城距离较远，参与非农就业机会较少，农户通常会通过家庭养殖多种经营方式来降低风险和增加收入，进而重视用有机肥改善土壤肥力，增加产量。同时研究还显示，农户有机肥投入行为存在明显的地区差异性。

二、农户循环农业技术采用行为

近年来，随着我国新型城镇化的不断推进，减少农业面源污染，保护农村生态环境，实施循环农业生产技术已受到全社会广泛重视，国内外学者分别从多学科多角度对农户循环农业技术采用行为进行探讨和研究，其主要集中在以下几个方面。

一是关于循环农业基本特征及模式研究。周震峰等（2004）研究结果认为，发展循环型农业经济和推行循环型社会是我国实施可持续发展的重要保障，并在此基础上探讨了循环农业的内涵及特征，重点分析发展循环型农业的可行性和必要性。任勇等（2005）研究表明，我国循环型发展模式主要涉及生产和消费领域，其主要模式包括循环型工业、循环型农业、循环型服务业及循环型社会四种模式。尹昌斌、周颖（2008）研究认为，循环农业是实现人口、资源和环境相互协调发展的新型农业发展模式，通过形成闭合的循环产业链机制，实现资源低消耗、物质能量高利用和废弃物低排放，最终实现农业生产系统和生态系统平衡发展。

二是关于循环农业的技术体系构建及技术创新研究。高旺盛等（2007）从循环经济理念出发，重点阐述了循环农业技术体系的构建，为实现"资源高利用、低消耗及污染物低排放"目标，建立了循环农业共性技术体系，分别包括"减量化"技术、"再利用"关键技术、"再循环"关键技术及"控制化"关键技术。一些学者（陈冬冬等，2007；Ewida et al.，2006；Padkho，2012）研究表明，传统的秸秆资源化单项技术利用效率低，虽构成系统内循环，但未能通过技术创新形成新的更高一级产业，而综合利用技术能将生物质能源经处理分离出能源和养分，具有更高的经济效益和生态效益，并对比秸秆资源不同利用方式进行分析。

三是关于循环农业具体技术应用实证研究。武志杰等（2002）对辽北地区玉米秸秆还田培肥土壤效果进行试验，研究结果表明，无机肥增产效果特别明显，而施用有机肥料的主要作用是改良土壤，培肥地力。石磊等（2005）介绍了农作物秸秆综合利用技术进展，包括秸秆腐熟还田技术、秸秆饲料转化技术、秸秆能源化技术以及秸秆在工业上各种应用，并提出秸秆综合利用是缓解农村资源紧张，促进农业可持续发展的内在需求。崔新卫等（2014）在秸秆还田对土壤质量与农作物生长影响研究表明，秸秆还田对农业生态系统具有重要意义，秸秆还田对土壤理化性质、土壤肥力质量、土壤碳平衡和土壤温室气体排放等方面有显著的积极影响。

四是关于农户采用循环农业技术行为及影响因素研究。曹光乔、张宗毅（2008）对农户秸秆还田和免耕播种两种技术的影响因素进行分析，结果表明，农户两项技术的采用都受户主健康状况、粮食商品化程度和政府补贴政策的正向影响，此外，劳均土地块数、秸秆是否有经济用途对农户秸秆还田技术有负向影响，户主年龄及受教育程度、农户对免耕播种技术的评价对农户免耕播种技术采纳有正向影响。芮雯奕等（2009）对江苏省农户秸秆还田影响因素进行分析，研究表明，区域差异影响农户秸秆还田行为，在发达地区，秸秆还田与否，取决于农户处置秸秆的边际成本，而在欠发达地区，则主要基于秸秆的利用效益，为此，技术因素也影响农户秸秆还田决策行为。李后建（2012）利用结构方程模型对农户采纳循环农业技术意愿影响进行研究，研究表明，知觉易用性和知觉有用性为驱动农户采用循环农业技术的关键心理因素，技术特征、结果展示以及采纳条件是促进农户感知技术易用性和有用性的外部因素，技术特征和采纳条件对农户技术采纳意愿有正向影响。赵连阁、蔡书凯（2012）利用 Logit 模型对 IPM（农户病虫害综合防治技术）采纳行为进行研究，结果表明，农民田间学校对农户采纳 IPM 技术有显著正影响，户主非农兼业对化学和生物防治型 IPM 技术采纳有显著正影响，而对物理防治型 IPM 技术采纳影响不显著；农民健康意识、环保意识对农户 IPM 技术采纳影响不显著。刘勤等（2014）对江苏省抽样农户的秸秆还田采用行为进行分析，研究表明，农机作业补贴政策对农户秸秆还田采用行为存在显著正向影响，同时，农户性别、年龄、文化程度和认知程度等因素对农户采用行为有显著影响。

三、农户农作物秸秆处置行为

秸秆通常指农作物收获籽实后的植株，是农村最主要的农作物副产品，也是重要的农业生物质能源（韩鲁佳等，2002）。秸秆作为我国重要的经济资源，具有巨大的潜在利用价值，既可作为肥料、燃料、饲料、食用菌基料，又能作为手工艺品、工业新型材料和清洁生物质能源的重要原料（黄武等，2012；王舒娟等，2012）。我国秸秆资源储量丰富，据调查统计，2012 年我国秸秆理论资源量为 8.63 亿吨，可收集资源量约为 7 亿吨，占理论资源量的 83.3%[①]。然而，随着农村商品能源多样化普及和生活水平提高，大量秸秆被作为农业废弃物而随意丢弃或露天焚烧，造成极大浪费，不但使环境污染日趋严重，危害人类健康，而且损失大量

---

① 王舒娟、蔡荣：《农户秸秆资源处置行为的经济学分析》，载于《中国人口·资源与环境》2014 年第 8 期。

有机质，破坏土壤结构，危害农业生态环境，严重影响农业可持续发展。

近年来，为引导和规范农户秸秆综合利用，减少秸秆焚烧带来的负外部性，各级政府连续出台一系列政策，采取疏堵结合行政手段对农户秸秆焚烧行为进行管制，然而，政策实施情况却不尽如人意，秸秆随意废弃和焚烧现象仍屡禁不止（马骥，2009；钱忠好等，2010）。目前，国内外学者分别从多学科角度研究农作物秸秆利用，其主要集中以下四个方面：一是从农业资源与区划角度对秸秆资源数量估算及利用潜力的研究（韩鲁佳等，2002；王亚静等，2010）；二是从生态学和环境科学角度对秸秆资源化利用生态效应及对环境影响进行研究（刘天学等，2003；陈冬冬等，2007；Qu et al.，2012）；三是从农业技术应用或产业角度对秸秆综合利用进行研究（陈百明等，2005；Ewida et al.，2006；陈智远等，2010）；四是从经济学角度对秸秆处置行为方式研究，特别是关于农户焚烧秸秆现象的关注（陈新峰，2001；李振宇等，2002）。除上述定性分析外，还有一些学者用计量模型来分析农户处置秸秆行为影响因素。研究表明，农户焚烧秸秆决策主要受户主文化程度、是否党员或村干部、打工收入比例、块均耕地面积、饲养牲畜数量、耕地离家距离、对周围环境危害性认知程度、政府"禁烧"查处力度、秸秆还田补贴、同伴行为、附近有无秸秆收购点等因素影响（赵永清等，2007；朱启荣，2008；钱忠好等，2010；左正强，2011；黄武等，2012），并相应提出对策建议。还有一些研究表明，市场便利条件、农户当前处置秸秆方式、政府政策以及同伴行为等多重因素共同决定农户出售秸秆的决策行为（王舒娟等，2012）。

四、农户农业生产技术效率

关于农业经济的增长途径一是依靠农业生产要素的投入，二是依靠全要素生产率提高。前者因受耕地资源有限性和生态环境压力的约束，应从粗放式生产方式转变为集约式生产方式，即依靠农业生产要素利用效率的提高来实现，因此如何从技术进步和技术效率改进来提高全要素生产率具有十分重要的意义，现有文献主要从以下两个方面进行研究。

（一）关于农业生产效率研究综述

从区域农业生产效率角度来看，韩晓燕、翟印礼（2005）运用巴罗回归等方法对中国农业生产率的地区差异及收敛性进行分析，结果显示，1985～1991年中国农业生产率呈发散态势，1992～2002年存在条件收敛，指出市场化程度、农村教育及耕地灌溉率对缩小地区农业生产率有重要影响。张云华（2007）对中国31个省、自治区及直辖市农业生产效率进行分析，运用 Context - dependent DEA 模型，投入指标选取农业机械总动力、灌溉面积、化肥施用量、农林牧渔从业人员及农作物总播种面积，产出指标选取农林牧渔总产值，并根据其农业生产效率值分为六层，结果显示北京、上海和海南为第一前沿面，相对于不同层的地区而言，三者的吸引度有所不同。马凤才等（2008）研究黑龙江省县域层面的农业生产效率，研究表明该省农业生产依靠外界投入的农业可持续在降低，而农业生产技术的应用使农业可持续提高，且增强的县（市）农业可持续是逐步增强的。焦源（2013）利用 DEA 三阶段模型对山东省农业生产效率进行研究，研究发现山东省农业生产效率存在区域差异性，且规模效率是主要制约因素，环境因素对投入松弛变量有重要影响。

从研究农业生产效率影响因素的角度来看，黄少安、孙圣民（2005）运用计量和统计方法对1949～1978年中国农业生产效率进行实证分析，结果表明，"所有权农民私有、合作或适度统一经营"的制度能够激励各种生产要素的投入，其利用率也较高，从而促进农业总产值增长。屈小博（2009）采用超对数随机前沿生产函数模型，分析不同规模农户之间的生产技术效率差异及影响因素，研究显示，农户经营规模与农户生产技术效率呈现倒"U"形效应趋势，中等经营规模农户生产效率最高，其提升空间较大，并进一步发现人力资本投资、科技信息对农户生产技术效率有正向影响，而非农经营、转包耕地和信用可得性具有负向影响。肖小红（2012）利用1990～2010年数据，对科技水平和农业生产效率关系进行研究，研究表明科技水平的高低对农业生产效率有直接正向影响。

苏小松、何广文（2013）运用 DEA 模型分析研究了农户社会资本对农业生产效率的影响，研究发现农户社会资本对农户生产效率产生正影响，农户社会资本的改进将提高农户的生产效率。常向阳、韩园园（2014）利用结构方程模型在对河南省小麦种植农户调研的基础上，分析农业技术扩散动力及渠道运行对农业生产效率的影响，结果表明政府推动力和市场牵引力对农业生产效率有正向影响，既能够产生直接影响，又通过技术扩散渠道运行产生间接效应。

从研究某种农作物或畜牧产品生产效率角度看，黄映晖等（2004）利用 DEA 方法分析了安徽省阜南县小麦生产综合效率、技术效率和规模效率，找出生产中非有效决策单元生产效率损失的影响因素，并提出相应的改进措施。曹暕等（2005）采用随机前沿生产函数方法，分析了奶牛养殖农户生产技术效率及其影响因素，研究发现，农户奶牛平均生产技术效率为70%，养牛规模、专业化程度、参加培训对生产技术效率有正向影响，而户主年龄对技术效率有负向影响。张越杰等（2007）基于 DEA 分析方法对 1994~2005 年吉林省 8 个县（市）水稻生产的效率进行分析，研究表明，吉林省水稻生产全要素生产率的下降趋势主要是由于技术进步水平低、规模无效率引起的。周曙东等（2013）对全国 19 个省份的花生种植农户生产技术效率及影响因素进行分析，研究表明，种子、化肥、农药和农膜是影响花生单产的重要影响因素，并且对各地区的花生生产效率进行比较分析。

可见，目前国内对农业生产效率分析方法主要采用非参数的数据包络法、随机前沿分析法、全要素生产率指数法。研究大多集中在全国或某地区所有农作物的生产效率进行分析；影响农业生产效率因素包括土地、劳动力及资金投入要素，而且还包括产权制度、教育资本投入、经营规模、科技信息、社会资本等要素，而仅仅依靠增加投入要素的数量反而会制约农业生产效率提高。

（二）关于循环农业生产效率研究综述

孙昌久等（1992）对以酒糟为主饲养育肥牛的效果进行试验，结果表明，以酒糟为主饲养育肥牛，其经济效益很可观，按每头育肥牛平均日增重 1.4 公斤计算，每头牛每日盈利 2.65 元，饲养 65 天后每头牛可获纯收入 172.25 元。陈诗波、王亚静（2009）利用农户调查数据，运用 DEA 分析法、因子分析法和 OLS 方法，建立循环农户生产技术效率外生性决定因素模型，研究发现，农业技术协会和涉农企业对农户生产技术效率有重要直接影响，政府为间接影响，而户主特征、家庭特征、地理位置和环境设施对农户生产技术效率没有显著影响。毕于运（2010）对秸秆资源评价和利用研究中表明，目前农业生产条件下，若每公顷耕地还田秸秆 3.0~4.5 吨，平均可增产粮食 15% 以上，连续三年秸秆还田，能够改善土壤肥力。李鹏等（2013）利用三阶段 DEA 模型，测算资源农业废弃物循环利用绩效，研究发现，农业废弃物资源化循环利用效率较低的主要原因是规模效率较低，区域间农业废弃物资源化循环利用绩效存在差异性，其中环境变量和经营环境与运气差异是影响优劣排序的重要原因。黄鹏等（2013）对不同秸秆还田方式及施肥对小麦复种小油菜经济效益的影响研究表明，在合理的秸秆还田措施保证条件下，化肥在当前高施肥水平降低 15% 在生产中是可行的。

五、农业废弃物资源化利用

国内外学者在对农业废弃物资源化利用方面研究中，主要是对秸秆资源和畜禽粪便资源两个方面进行分析，农业废弃物所造成的农业面源污染，已成为农业可持续发展的重要障碍，而如何使农业废弃物进行资源化和规模化利用问题已成为全社会研究的热点问题，现有文献主要从以下两个方面进行研究。

（一）农作物秸秆资源化利用文献综述

随着农业现代化的不断进步，农产品供给不断增加，我国粮食总产量实现"十一"连增，同时，农作物秸秆总量也呈现增长态势，这对我国实施农业可持续发展来说，既是加强农业生态治理的契机，同时，如果对其利用和处置方式不当，又会造成严重的农业环境污染来源，可以说是机遇和挑战并存，因此，对于农业废弃物特别是农作物秸秆资源量转换利用问题，已成为学术界研究的热点。其研究涉及范围包括农作物秸秆的地域分布及资源总量估算、农作物秸秆资源价值转换路径问题、农作物秸秆资源潜力开发等方面。

1. 在农作物秸秆地域分布及资源总量估算方面

毕于运（2010）在总结不同学者文献中主要农作物草谷比取值比较的基础上，得出2008年全国秸秆总产量为8.4亿吨，其中粮食作物秸秆与经济作物秸秆产量之比约为1:0.36，从区域分布来看，东部地区、中部地区和西部地区秸秆产量之比为3:4:4，并且对全国八大区域秸秆资源总量和分布特征进行分析。蔡亚庆等（2011）研究表明，2009年全国农作物秸秆理论资源量为7.48亿吨，可获得资源量为6.34亿吨，可能源化利用量为1.52亿吨，并对全国各地的秸秆可能源化利用潜力做了比较分析。朱建春等（2012）从时间角度分析了1978～2009年全国农作物秸秆产量变化，并估算2009年全国农作物秸秆资源总量为6.98亿吨，其中稻谷、小麦和玉米秸秆依然是主要农作物秸秆类型，在区域分布方面秸秆产量由西北向东南呈逐渐增加的趋势。

2. 在农作物资源价值转换路径问题方面

目前，国内外学者对秸秆资源价值综合利用方面，主要包括"五料"方面，即燃料化、饲料化、肥料化、原料化和基料化五种模式。

秸秆燃料化主要包括农户作为生活燃料、秸秆发酵制沼气、秸秆压缩制成生物质燃料、秸秆燃烧发电、秸秆热解气化等方式。陈百明等（2005）分析了农作物秸秆气化集中供气系统的技术性能，并应用成本—效益法进行商业化经营能力分析。张银梅（2006）分析了秸秆气化基本原理和应用，通过效益分析指出秸秆气化前景乐观。张培元（2007）从秸秆收集、秸秆技术和秸秆政策评价体系三个方面，对国内外秸秆发电的影响因素及相关指标进行比较。毕于运（2010）从秸秆可燃性角度分析我国2008年可燃用秸秆约为6.29亿吨，占全国秸秆可收集利用量的96.59%，约折合标准煤3.01亿吨；通过对各类秸秆沼气生产的自然适宜性评价及其可收集利用量得出，我国 2008 年在可收集利用的秸秆总量中，最适宜沼气生产的秸秆量为 9069.15 万吨。

秸秆饲料化主要包括氨化秸秆、青贮秸秆处理后饲养家畜、过腹还田等方式。韩鲁佳等（2002）对我国农作物秸秆资源量及其利用现状进行研究，在 2000 年秸秆总量为 6.4 亿吨中，约有 15% 经过处理用作饲料。1999～2000 年，全国累计制作青贮饲料 8.5 亿吨，全国累计氨化秸秆饲料 2.8 亿吨，合计折算节约饲料谷物近 2 亿吨，年均节约饲料谷物 2000 万吨，为缓解谷物供需矛盾做出贡献。

秸秆肥料化主要包括秸秆直接还田、堆沤还田和过腹还田等方式。姚宗路等（2009）按照黑龙江主要农作物播种面积进行推算，得出黑龙江省秸秆还田需求量应为 1790 万吨，到 2020 年秸秆还田量仍会持续增加。王亚静等（2010）的研究表明，2005 年全国秸秆残留还田量与适宜直接还田的可收集利用量为 6.16 亿吨，占全国秸秆总产量近 3/4。

秸秆原料化主要是以秸秆为原料造纸、轻质复合板材、保温材料及编织业等。植物纤维是发展纸浆造纸工业的基本原料，而中国制浆纤维原料中，草类等非木材原料所占比重较突出，为世界最大草浆生产国，世界非木材纸浆的 75% 以上来自中国（韩鲁佳等，2002）。

秸秆基料化主要是以秸秆为原料用于食用菌类生产。根据中国食用菌协会统计，2005 年食用菌总产量为 1334 万吨，全国适宜于食用菌栽培的秸秆资源总量为 5.87 亿吨，占全国可收集秸秆总量的 85% 以上（崔明等，2008；王亚静等，2010）。

3. 在农作物秸秆资源潜力开发方面

王济民等（1996）在对安徽阜阳地区农户秸秆养牛进行经济效益评估，认为在现有经济水平条件下，每户平均饲养 4 头较为合理（其中两头为繁殖母牛），当饲料中精料、氨化秸秆和青贮秸秆的投入比例约为 2：3：5 时，经济效益最为理想。孙育峰等（2009）在估算出全国玉米、稻谷和小麦秸秆产量的基础上，利用秸秆养牛量计算模型，估算出农区 3 亩地最少可养 1 头肉牛，9 亩地可养 1 头奶牛，全国 18 亿亩耕地共可养殖 3 亿头肉牛和 1 亿头奶牛，秸秆养牛潜力很大；李太平和徐超（2011）

对江苏省农作物秸秆资源化潜力进行分析，研究表明江苏省可能源化秸秆约为 1889.82 万吨，折合标准煤 896.53 万吨，是当年全省农业能源消耗量的 2.7 倍，其秸秆能源利用潜力巨大。张海成等（2012）通过构建农业废弃物沼气利用潜力模型，估算出 2009 年全国农作物秸秆量达到 89886.75 万吨、畜禽粪便量达到 399115.6 万吨，人粪尿达到 25333 万吨，在 35℃ 条件下秸秆沼气化资源潜力为 5832.68 亿立方米，相当于 4.14 亿吨标准煤。

（二）畜禽粪便资源化利用文献综述

循环农业实质上是将农业清洁生产与废弃物资源化利用有机结合，最大限度地提高农业资源的利用效率，以推进农村和农业可持续发展（吴景贵等，2011）。循环农业中废弃物资源化利用是非常重要的一个环节，其中规模养殖畜禽粪便的资源化利用最为紧要。

近 20 年来，中国畜禽养殖业生产快速增长，其规模化、集约化程度越来越高，大量畜禽粪便排放使环境污染日趋严重，并且严重影响人类的健康（仇焕广等，2012；田宜水，2012）。2000~2012 年，中国猪牛羊肉、奶类和禽蛋的产量分别增长了 2373.3 万吨、2956.3 万吨和 679.2 万吨，增长幅度分别为 39.4%、321.7% 和 31.1%（国家统计局，2013）。随着人们对畜禽产品需求量的不断增加，畜禽养殖业的数量和规模不断扩大，同时畜禽粪便排放量也大幅增加。20 世纪 80 年代，中国畜禽粪便总产量仅为 6.9 亿吨，到 2009 年已达到 32.64 亿吨（孙铁珩等，2008；张田等，2012），据预测，到 2020 年，中国畜禽粪便排放量将达到 42.44 亿吨（张福锁，2006）。

然而，研究表明，随着集约化畜禽养殖业不断发展，种植业和养殖业日趋分离，畜禽粪便的资源化利用率却逐年下降，畜禽粪便给农村环境带来严重污染（黄鸿翔等，2006；Maria et al.，2009；仇焕广等，2012）。传统农业中，畜禽养殖业主要以散养为主，农户将畜禽粪便收集处理，有机肥料由周边农田消纳吸收，但从 20 世纪 60 年代以来，有机肥逐渐被化肥替代，有机肥施用比例不断下降，大量畜禽粪便未经处理直接排放，对周围的地表和地下水体、土壤和空气造成严重污染，并对资源造成极大浪费（张维理等，2004；Fischer et al.，2006；黄鸿翔等，2006）。对于畜禽粪便资源化利用方面，国内外许多学者从不同方面进行探讨：有些学者从畜禽粪便资源化利用方式进行分析，如用作肥料、饲料、燃料及工业化原料等（陈智远等，2010；张月平等，2012）；有的从畜禽粪便资源化利用处理技术进行研究，如干燥处理法、除臭法、焚烧法及综合处理法等（李庆康等，2000；程绍明等，2009）；有的从畜禽粪便资源存量估算及能源潜力评价进行论述，如估算中国畜禽粪便资源总排放量和沼气生产潜力等（田宜水，2012；张田等，2012）；还有些国外学者从畜禽养殖业废弃物管理和控制方法进行研究，如利用氮平衡的方法控制区域畜禽养殖规模，对化肥使用征税，承包合同与畜禽废弃物污染之间的潜在关系依赖于畜禽养殖的规模化、专业化和集约化，畜禽废弃物贮存管理等（Innes，2000；Vukina，2003；Maria et al.，2003）。

第三节　文献评述

通过以上文献综述可知，农户参与循环农业整个过程和农业废弃物资源化利用是被长期持续关注的研究领域，对该领域的研究从理论和实践方面都有非常丰富的研究成果，深化了人们对循环农业发展中存在问题的了解，为今后研究打下基础。

在农户有机肥投入行为方面，国内外从微观角度对农户有机肥投入行为进行系统研究尚不多见，并且关于影响农户有机肥投入行为的因素尚未达成统一认识；在农户循环农业技术采用行为研究中从微观层面分析循环农业相关行为主体的文献却不多，尤其是关于农户采用循环农业秸秆还田技术行为及其影响因素，相关研究较少；在农户农作物秸秆处置行为方面，大多数研究主要集中于农户秸秆焚烧行为原因及其影响因素分析，研究中的因变量往往被处理成"秸秆焚烧"与"秸秆不焚烧"或者"焚烧弃置"与"综合利用"的二分类变量，而实际情况中，农户其他秸秆处置选择方式如何，相关研究较少；在农户农业生产技术效率方面，对农业生产效率研究的文献较多，相关研究成果也相对较多，但对农业废弃物循环化利用效率的研究较少，尤其从农户采用不同生产方式角度来比较农业废弃物循环化利用效率更少，本书将从农户不同生产方式角度来比较分析其农业生产技术效率；在农业废弃物资源化利用方面，国内外学者从不同学科和不同角度对废弃物资源化利用问题进行研究，这些研究大多从资源化利用方式及技术、总量估算和能源潜力评价层面来展开，部分学者是从管理和监控层面进行分析研究，而针对面板数据区域农业废弃物资源价值估算研究较少，而畜禽粪便与同期化肥施用量中所含养分量对比分析的文献却不多，特别是从时间角度对畜禽粪便肥料化发展潜力分析很少研究。

本书将以实地调研数据为基础，首先，运用计量模型对影响产前农户有机肥投入选择行为因素进行分析，试图引导农户增加有机肥或农家肥施用量，提高农户施用有机肥的积极性，同时，对影响产中农户采用循环农业技术行为因素进行计量，试图促进农户积极参与循环农业生产。其次，对产后农户农作物秸秆处置行为方式进行比较分析，并对影响其秸秆处置行为主要因素进行计量。再次，从不同生产方式角度来比较分析农户采用循环农业生产技术效率。最后，估算研究区农业废弃物的价值资源总量及其变化趋势，研究其资源化利用开发潜力，并针对目前农业废弃物资源化利用率不足等原因进行分析，提出促进农业废弃物资源化利用的相关对策建议，旨在为相关研究提供参考依据。

第三章

模型构建与理论分析

本章构建了农户有机肥投入选择行为模型、农户循环农业技术采用行为模型、农户农作物秸秆处置行为模型及农业废弃物资源化利用理论模型，最后运用博弈论分析方法，对农户与循环农业中各利益行为主体之间相互作用和影响机理进行分析。

第一节　农户参与循环农业行为模型构建

一、农户有机肥投入选择行为模型构建

农户对有机肥技术投入选择行为同样是基于对预期成本和收益的比较，按照"理性小农"的经济学假设，农户要选择有机肥投入技术，必须从微观的角度使农户有利可图。在预期收益大于投入成本时才能够激励农户选择实施有机肥投入技术。要使农户广泛地选择该项技术，一是增加有机肥投入的收益，二是尽量减少有机肥投入的成本。参考袁文华和孙日瑶（2012）所做模型及方法，考虑到本书研究的农户实际特征和内容，拟建立以下农户有机肥投入选择行为决策分析模型。

为便于分析，假设农户在有机肥投入选择行为中作为"理性经济人"，所追求的为利润最大化或效用最大化原则，并且农户统一为种植业

经营模式，所使用的有机肥和生产的农产品与其他农户是同质的，在研究期间，所从事的种植业技术不变，如在种子选择、灌溉技术、农药喷洒技术、田间管理和气候环境等没有发生较大改变。

设在 T_0 时期，农户不选择有机肥投入时的收益公式为：

$$TR_0 = P_0 Q_0 - C \qquad (3-1)$$

其中，TR_0 为 T_0 时期的农户种植业总收益；P_0 为农作物产品销售价格；Q_0 为农作物产量；C 为农户从事农业物生产中所投入的成本，包括种子、化肥、农药、农膜、机械作业、燃料动力、工具材料等费用及人工成本。

在 T_1 时期，农户在决定是否选择有机肥投入时，会考虑以下决策：

当农户不选择有机肥投入时，其收益公式为：

$$TR_1 = (1+\alpha) P_0 Q_0 - C \qquad (3-2)$$

当农户选择有机肥投入时，其收益公式为：

$$TR_1' = (1+\alpha) P_0 (1+\beta) Q_0 - (C' + C_L + C_K) \qquad (3-3)$$

其中，TR_1 为 T_1 时期农户不选择投入有机肥的种植业总收益，TR_1' 为 T_1 时期农户选择投入有机肥的种植业总收益；α 为农作物产品价格变化率，β 为农作物在有机肥投入后产量增加率；C' 为农户从事农作物生产投入成本，C_K 为农户购买有机肥的费用成本，C_L 为农户有机肥投入的劳动成本。令 $\Delta TR_1 = TR_1' - TR_1$。$\Delta C = C' - C$，由式（3-2）~式（3-3）可得：

$$\Delta TR_1 = (1+\alpha)\beta P_0 Q_0 - (\Delta C + C_L + C_K) \qquad (3-4)$$

从式（3-4）我们可以看出，当 $\Delta TR_1 > 0$ 时，农户有利可图，存在选择有机肥投入行为的正向激励，会选择有机肥投入技术，并且 ΔTR_1 数值越大，农户选择有机肥投入技术的行为就越积极；当 $\Delta TR_1 = 0$ 时，农户没有有机肥投入选择行为的正向激励，农户可以选择有机肥投入技术，但如果有机肥投入所带来的正外部效用没有内部化，农户也可以不选择有机肥投入技术；当 $\Delta TR_1 < 0$ 时，农户无利可图，若选择该技术反而会降低收益，农户不会选择有机肥投入技术。

当 $\Delta TR_1 > 0$ 时，我们从式（3-4）可以得出：

$$\beta > \frac{\Delta C + C_L + C_K}{(1+\alpha) P_0 Q_0} = \beta_* \qquad (3-5)$$

从式（3-4）和式（3-5）可以得出，农作物在 T_1 时期的增产率 β 只有大于 β_* 时，农户选择有机肥投入技术后收益才会增加，同时，农产品由于自身性质特征影响，往往价格 α 波动幅度较大，这也往往给农户是否决定选择有机肥投入技术带来不确定性和风险性，在某种程度上影响了农户选择有机肥投入的积极性。

总之，我们从以上农户选择有机肥投入行为决策分析中可以看出，在有利可图的情况下，农户选择有机肥投入行为与农作物产品增产率存在正向关系；在有利可图的情况下，农户选择有机肥投入行为与使用有机肥增加的额外成本存在负向关系，另外农作物价格的波动幅度往往会影响农户选择有机肥投入行为的积极性。

二、农户循环农业技术采用行为模型构建

（一）理论基础

舒尔茨（Schultz，1964）认为，在传统农业中，生产要素资源的配置是有效率的，即提出"发展中国家的传统农业是贫穷而有效率"的假说，这表明，农户行为也是一种利润最大化行为，并可以用新古典理论进行分析，其行为选择方式取决于成本收益的比较。根据农户理性行为学经济理论，农民行为本质是满足自身某种需求，为达到一定目标而表现出的一系列活动，而成本—收益分析是研究农户在各种内部因素和外部条件下行为和效果的一种方法，经济学的本体是"理性人"假设，农户参与某种行为的基本出发点是收益大于成本的预期（张峰，2011；王舒娟，2012）。

在"理性小农"假定情况下，农户参与循环农业时，例如，当采用某项技术时，会考虑并比较其所带来的成本和效益。在图 3-1 中，我们

用 $Y = f(X)$ 来表示农户的农业投入产出生产函数曲线，当农户采用某项循环农业技术时，会额外增加一部分成本 ΔX，即边际成本，同时会增加一部分收益 ΔY，即边际收益。当 $\Delta X < \Delta Y$ 时，农户参与循环农业采用某项技术获得收益大于投入成本，对农户参与行为存在正向激励作用，农户会积极采取该项技术；当 $\Delta X = \Delta Y$ 时，农户参与循环农业采用某项技术获得收益等于投入成本，对农户参与行为没有正向激励作用，农户可以采用该项技术，也可以不采用该项技术；当 $\Delta X > \Delta Y$ 时，农户参与循环农业采用某项技术获得收益小于投入成本，对农户参与行为存在负向激励作用，农户不会采用该项技术。

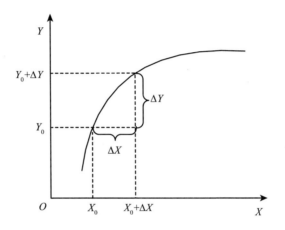

图 3 - 1　农户循环农业技术采用的成本与收益

（二）农户循环农业技术采用行为分析理论框架

农户采用循环农业技术的目的主要是满足自身利润需求、生产需求和生活需求，其中农业废弃物资源化利用是循环农业过程中的关键环节，而农户是否采用某项农业废弃物综合利用技术，首先是基于"理性人"的假设，农户对采用某项农业废弃物综合利用技术的预期成本和收益进行比较，当农户采用循环农业技术行为的预期收益大于预期成本时，对农户来说，存在有正向激励作用，当然，这些要建立在农户对循环农业有充分的认知和了解的基础之上，并且有内在的利润需求、生产需求和生活需求，而农业废弃物利用自身具有价值生产能力和资源生产能力，并且通过农业废弃物利用技术水平变化这座桥梁，使农业废弃物资源的价值增值能力不断提高，再结合农户自身承受的外部环境（社会、经济、政策和环境因素）和内部因素（农户拥有的劳动力、资本、技术和废弃物资源禀赋等生产要素）的不同，共同决定着农户采用循环农业技术行为方式和程度，最终达到农户需求与农业废弃物利用生产能力相匹配，并做出理性最大化行为决策选择（见图3-2）。

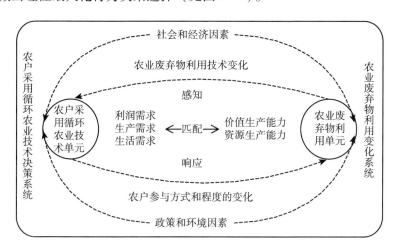

图3-2 农户循环农业技术采用行为及其影响机理分析框架

三、农户农作物秸秆处置行为模型构建

（一）农户秸秆处置方式影响机理研究

根据农户理性行为学经济理论，农民行为本质是满足自身某种需求，为达到一定目标而表现出的一系列活动。人的需求产生动机，动机引导其行为，其过程主要受外部环境与内部因素相互作用而共同决定的。农户秸秆处置行为决策受农户家庭特征、生产状况及外部环境等因素制约，农户通过对农作物秸秆利用不断的认知来决定自己不同的需求，因此不可避免地出现个体间认知偏差，最终导致不同农户秸秆处置行为方式存

在差异（见图3-3）。

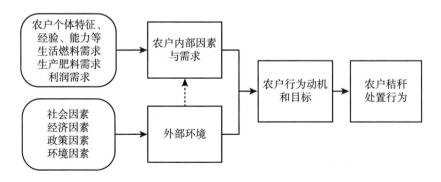

图3-3 农户秸秆处置行为差异及其影响机理分析框架

（二）农户秸秆处置行为理论模型构建

假设农户在农作物收获后，为赶农时，对农作物秸秆的处置是在短期内完成，且在可支配的资源禀赋约束的情况下，追求一种短期利润最大化行为，并且农户在秸秆处置行为的劳动力投入是同质的；对每个农户家庭初始要素禀赋来说，按照传统农业生产投入要素概括为土地、劳动力和资本；面对农户普遍存在的多种经营状况，假设农户家庭都统一为农业种植业经营模式。

从博弈论角度来说，农户农作物秸秆处置行为方式是农户与自身家庭特征、自然资源、市场、政府及外部环境之间博弈的结果。假设农户处置农作物秸秆的函数公式为：

$$Q = af(A, L, K) \tag{3-6}$$

其中，Q 为农户处置秸秆数量；a 为农户农业经营能力，主要由自身个体特征决定；A 为收获秸秆的农作物种植面积；L 为农户处置秸秆的劳动力投入；K 为农户处置秸秆的资本投入；假设 $R(Q)$ 为农户处置秸秆所获得的收益，在一定的范围之内，与处置农作物秸秆利用的数量 Q 存在正相关关系；劳动力和投入资本的价格分别用 w 和 r 表示；农户家庭收入为 I，相对于各种投入要素的价格，作为农户面临着资源禀赋的

农业循环经济中农户行为理论分析与实证研究

约束条件，则农户对农作物秸秆处置行为利润最大化可用以下公式表示：

$$\begin{cases} \text{Max. } TR = R(Q) - wL - rK \\ \text{s. t. } I \geqslant wL + rK \\ \quad w \geqslant 0 \\ \quad r \geqslant 0 \end{cases} \tag{3-7}$$

在式（3-7）中利润最大化问题的拉格朗日函数为：

$$\Gamma = R(Q) - wL - rK + \lambda(I - wL - rK) \tag{3-8}$$

其中，λ 为拉格朗日因子。

对式（3-8）的最优解应满足以下一阶导数条件：

$$\frac{\partial \Gamma}{\partial w} = -L - \lambda L = -(1+\lambda)L \leqslant 0 \tag{3-9}$$

$$\frac{\partial \Gamma}{\partial r} = -K - \lambda K = -(1+\lambda)K \leqslant 0 \tag{3-10}$$

$$\frac{\partial \Gamma}{\partial I} = \lambda \geqslant 0 \tag{3-11}$$

对其求解，我们就能够解出在农户处置农作物秸秆利润最大化时，投入劳动力和资本的数量 L_e 和 K_e，进而估算出农户处置农作物秸秆的数量 Q_e，而由于目前我国土地流转市场尚不发达，农户面对土地经营规模基本没有较大的选择，因此土地投入要素不纳入最优化变量中。

基于式（3-9）、式（3-10）和式（3-11）推导出的结论，我们可以看出，在农户处置农作物秸秆有利可图的情况下，农户处置秸秆行为与劳动力价格投入存在负相关关系，劳动力价格的提升会降低农户处置农作物秸秆的数量，并且农户处置秸秆行为与资本投入价格存在负相关关系，资本投入价格的升高会降低农户处置农作物秸秆的数量；另外，农户农业经营能力强，会增加农户处置农作物秸秆的数量，在农户家庭资源约束的条件下，农户处置农作物秸秆行为与农户家庭资源禀赋存在正相关关系，农户家庭资源禀赋增加会提高农户处置农作物秸秆的数量。

四、农业废弃物资源化利用模型构建

(一) 农业废弃物资源化利用模型构建

首先，农业废弃物资源化利用是基于经济学的"理性人"假设前提条件下的，即人们的行为总是在特定的约束条件下，面对各种可能性的选择中，做出最有利于目标实现的选择（利益最大化或效用最大化）。参照一些学者（Huang，1979；McInerney et al.，1992；Lunnan，1997；Rosentrater et al.，2003；冯伟等，2011）所构建的农作物秸秆及农业生物质供需经济模型，并依据本书实际调查农户特征和研究内容，构建农业废弃物资源化利用分析模型，对该模型的构建主要依据成本—收益分析框架，农业废弃物主要包括农作物秸秆资源或畜禽粪便资源，农业废弃物资源化利用的直接相关主体包括农户、农业专业合作社、农业废弃物收购商和农业废弃物加工企业，为了简化分析，首先省略农业废弃物利用处理过程中的中间环节，仅保留农户和企业两个直接相关主体决策者，在现实生活中，农户在有利可图的情况下，出售农业废弃物的农户数量众多，而对农业废弃物加工处理成不同的产品的企业也存在很多种，为简化模型，假设社会中只存在一个农户和一个企业，他们之间存在农业废弃物交易、加工处理和利用的过程；其中农户收集并出售给企业农业废弃物数量为 Q，交易价格为 P_0，企业收购农业废弃物之后，将其加工处理为资源化产品，如燃料、饲料、肥料、工业原料或食用菌基料等，并将这些产品销售给农户使用。

其次，农业废弃物资源化利用的过程包括农业废弃物收集、农业废弃物加工处理和农业废弃物资源化产品利用三个环节（见图 3 - 4）。农业废弃物资源化利用过程可以由某一个相关行为主体或相关的几个行为主体完成，例如，农户从畜禽养殖场收集畜禽粪便后，通过堆沤发酵后制成有机肥，然后有机肥还田；或者农户收集秸秆，把秸秆销售给企业，企业通过秸秆加工处理制成沼气，然后把沼气输送给农户利用等。从社会角度来看，为提高社会效益，规模化农业废弃物利用需要多个相关行为主体专业化协作分工来完成，相比较而言，后者更具有典型性和普遍性，而前者可看作是后者的一种特例。

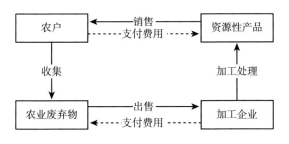

图3-4 农业废弃物资源化利用过程

从社会角度来看，农业废弃物资源化利用的社会收益包括两种收益：一种是直接收益，主要体现在加工企业对农业废弃物资源化处理后价值转换和增值的收益。另一种是间接收益，一方面是农业废弃物资源化利用对其他资源性产品的替代所节约的成本，特别是对化石能源节约利用有促进作用；另一方面是环境效益，这是一种正的外部性，如农业废弃物资源化利用可以有效减少对周边大气及水体环境的污染，降低温室气体的排放，并能够保持水体和土壤营养物质的生态平衡。因此，农业废弃物资源化利用的社会收益 SR 可以用公式表示为：

$$SR = P_1 F(Q) + RR + ER \qquad (3-12)$$

其中，P_1 为农业废弃物加工转换为资源性产品价格，$F(Q)$ 为资源性产品的生产函数，RR 为农业废弃物替代其他资源性产品所节约成本，ER 为农业废弃物利用所获得的环境效益。

农业废弃物资源化利用的社会成本包括两种成本：一种是直接成本，主要体现在农业废弃物收集成本、农业废弃物贮运成本、农业废弃物加工成本和农业废弃物资源性产品的销售成本；另一种是间接成本，主要为农业废弃物加工成其他资源性产品的机会成本。因此，农业废弃物资源化利用的社会成本 SC 可以用公式表示为：

$$SC = CC + SC + PC + MC + OC \qquad (3-13)$$

其中，CC 为农业废弃物收集成本，SC 为农业废弃物的贮运成本，PC 为农业废弃物的加工成本，MC 为农业废弃物资源化产品的销售成本，OC 为农业废弃物资源化利用的机会成本。

从私人角度来看，加工企业对农业废弃物资源化处理的净收益 ENR 可以用公式表示为：

$$ENR = P_1F(Q) + RR - P_0Q - (CC + SC + PC + MC + OC) \quad (3-14)$$

农户出售给企业农业废弃物资源的净收益 FNR 可以用公式表示为：

$$FNR = PQ - CC \quad (3-15)$$

则由社会收益 SR 和社会成本 SC，我们可以得出农业废弃物资源化利用最优化模型：

$$
\begin{cases}
\mathrm{Max}TNR = SR - SC \\
ENR = P_1F(Q) + RR - P_0Q - (CC + SC + PC + MC + OC) \geqslant 0 \\
FNR = PQ - CC \geqslant 0 \\
CC = \alpha(Q)Q = LWQ \\
SC = \beta DQ + \gamma(Q)Q \\
PC = \delta(Q)Q \\
MC = \varepsilon(Q)Q \\
Q_m \geqslant Q
\end{cases}
\quad (3-16)
$$

其中，TNR 为农业废弃物资源化利用所获得的社会净收益；$\alpha(Q)$ 为单位农业废弃物机械收集的成本函数；L 为单位农业废弃物资源人工收集所需劳动数量，W 为劳动工资报酬；β 为单位农业废弃物在单位距离内运输的成本；D 为运输农业废弃物的距离；$\gamma(Q)$ 为单位农业废弃物的储藏成本；$\delta(Q)$ 为单位农业废弃物资源加工处理成本；$\varepsilon(Q)$ 为单位农业废弃物转换资源性产品的销售成本；Q_m 为农户所能提供的最大农业废弃物数量。

从社会角度来看，当边际社会收益 MSR 等于边际社会成本 MSC 时，社会对农业废弃物资源化利用达到最优化水平，此时，农业废弃物资源化利用的最优化数量 Q_s 我们可以用以下公式表示：

$$MSR = P_1F'(Q) + RR' + ER' \quad (3-17)$$

$$MSC = CC' + SC' + PC' + MC' + OC' \quad (3-18)$$

$$P_1F'(Q) + RR' + ER' = CC' + SC' + PC' + MC' + OC' \quad (3-19)$$

农业循环经济中农户行为理论分析与实证研究

从私人角度来看，当加工企业的边际收益 MER 等于边际成本 MEC 时，企业对农业废弃物资源化利用达到最优水平，此时，农业废弃物资源化利用的最优数量 Q_e 我们可以用以下公式表示：

$$MER = P_1 F'(Q) + RR' \qquad (3-20)$$

$$MEC = P_0 + CC' + SC' + PC' + MC' + OC' \qquad (3-21)$$

$$P_1 F'(Q) + RR' = P + CC' + SC' + PC' + MC' + OC' \qquad (3-22)$$

显然，$MSR \geqslant MER$，且 $MSC \leqslant MEC$，在由 Q_s 和 Q_e 决定的过程中我们可以看出，社会农业废弃物资源化最优数量水平 Q_s 大于私人农业废弃物资源化最优数量水平 Q_e（见图 3-5a）。

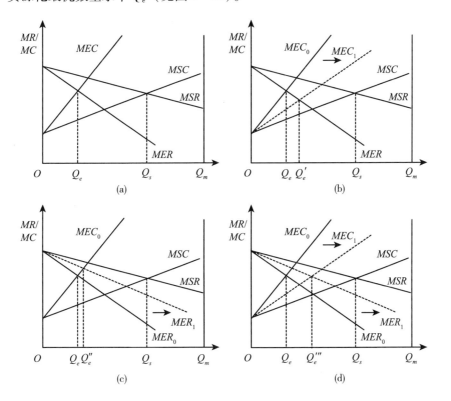

图 3-5　农业废弃物资源化最优利用量决定和变化过程

（二）农业废弃物资源最优化决定

我们从社会性农业废弃物资源化利用最优数量与私人性对其利用最

优数量的差距能够看出，从经济学角度来看，存在有经济正外部性效应，在这种情况下，为了增加私人利用农业废弃物资源化的最优数量，以接近或达到社会利用农业废弃物资源化的最优数量，增加社会的总经济福利，以上分析对政府制定公共政策和激励政策提供合理的理论依据。

政府决策者通过公共政策和激励政策来增加私人农业废弃物资源化利用最优化数量 Q_e 有三种途径：第一种是通过降低私人加工处理农业废弃物成本；第二种是通过增加农业废弃物转换资源性产品的收益；第三种是既降低私人加工处理农业废弃物成本，同时又增加农业废弃物转换资源性产品的收益。

为降低私人农业废弃物资源化的加工处理成本，政府可以通过主体功能区定位，依托专业农业合作社，建立公共的集收集、运输及贮藏为一体的综合农业废弃物收贮运体系，进一步降低农户和企业处理农业废弃物资源化的前期成本；通过对农户和企业购置农机具及农业废弃物处理设备补贴来降低成本；通过政府投建农业废弃物资源化利用示范项目等，这些会促使私人经营成本的降低，从而使私人的边际成本 MEC_0 向右移动为 MEC_1，进而使私人农业废弃物资源化最优数量 Q_e 增加到 Q'_e（见图 3 - 5b）。

为增加私人对农业废弃物资源化的收益，政府支持政策一般在农业废弃物的直接利用过程上，如对加工企业废弃物利用的直接补贴、税收减免优惠及奖励政策、信贷金融服务、对农户秸秆还田补贴及对农业废弃物乱废弃和焚烧行为进行管制等，这些都会促使私人收益的增加，从而使私人的边际收益 MER_0 向右移动为 MER_1，从而使私人农业废弃物资源化最优数量 Q_e 增加到 Q''_e（见图 3 - 5c）。

农业废弃物资源化利用技术进步既可降低私人农业废弃物利用经营成本，又能够增加私人农业废弃物转换为资源性产品的收益。政府和企业对农业废弃物的研发提供资助，这将对农业废弃物资源化利用技术的发展产生长期效应。技术的进步对农业废弃物资源化利用的影响主要体现在三个方面：一是在农业废弃物的收集、储藏和运输技术的进步，如高效的农业废弃物收集设备，标准、规范和安全的储藏系统，先进的运输体系等，这些都会降低私人利用农业废弃物的成本，促使边际成本 MEC_0 向右移动为 MEC_1。二是农业废弃物资源化加工技术的进步。这种技术进步可以为单位农业废弃物的投入带来更多的产出，增加企业收益，或者研发出农业废弃物资源化利用的新途径，从而带来更多收益，促使边际收益 MER_0 向右移动为 MER_1，从而使私人农业废弃物资源化最优数量 Q_e 增加到 Q'''_e（见图 3 - 5d）。三是农业废弃物资源化综合利用技术的培训和推广。通过加大对农户和企业农业废弃物利用技术的指导和培训力度，增加其知识和技能的积累，不仅使人力资本获得提升，而且还可以提高生产效率，降低其经营成本，推动农业废弃物资源化最优数量水平的增加。

第二节　农户参与循环农业相关行为主体间博弈理论分析

目前，在我国新型城镇化背景下，保护农村生态环境，加快建设资源节约型、环境友好型农业社会，发展循环农业经济已引起全社会各界的持续关注（崔和瑞，2004；周震峰等，2004；赵其国等，2009），而传统农业经济增长是以资源高消耗、环境高污染及粗放式经营发展为代价，这些将直接导致资源浪费、环境恶化和生态破坏，制约农村经济的可持续发展。现代农业循环经济是一种既符合环境保护要求，又与居民食品消费结构和农业生产方式变化相适应的现代农业发展模式，是我国加快农业现代化和低碳经济发展的一条可行道路（郭晓鸣等，2011）。

近年来，国内不少学者对循环经济模式中各主体行为博弈分析问题进行了研究。杜传忠等（2010）认为由于在目标、认识和利益取向的差异，上级政府、基层政府和企业之间存在着相互影响和制约的博弈过程，并强调政府应完善循环经济法律制度和激励机制，加强产业生态园区建设，为农村企业发展循环经济提供科技支撑平台。许树辉（2010）的博弈分析表明，政府应把"领导"企业作为激励重点对象，进而利用行业影响力推进整个行业的生产转型，并且政府要配合企业做好产品宣传，转变消费者的消费观念，培育绿色产品消费市场等。郭红东（2010）通过浙江省农业龙头企业与农户之间契约稳定性的博弈分析表明，订单组织形式和价格条款的设计对订单履约率产生重要影响。另外，刘凤芹（2003）、王亚静等（2007）和王礼力等（2008）都认为由于合约不完全性的存在，当交易一方按合约进行专用性投资时，就为另一方的"敲竹杠"行为提供可能性。陈灿等（2011）通过实证分析发现，农业龙头企业和农户的合作关系治理由企业主导，关系治理包含信任、互惠、互动强度和伦理4个因素，它对合作绩效具有显著的正向影响，其作用甚至超过了正式治理的影响。

综上所述，大多数研究主要集中在宏观经济层面，仅有的一些研究也是从政府的宏观角度去分析循环农业行为主体间博弈关系，但针对循环农业生产过程展开利益博弈分析的研究却不多，如何在投入成本增加的条件下，使循环农业产业链接循环化，既能保障经济效益，又能调动农户参与行为的积极性，是当前研究的重要课题。

一、农户与政府之间的博弈行为分析

作为公共利益的代表，政府行为的目标在于整个社会公众利益的最大化，而作为"经济人"假设的农户来说，其所追求的则是自身利益的最大化，农户行为具有极强的经济性目的，成本收益的考虑对农户行为产生重要影响。生态环境的公共物品属性会使农户在环境保护中倾向于一种不合作的方式，面对这种"市场失灵"的现象，政府可以通过一系列激励政策来改善市场结果，例如，通过循环经济市场参与者把外部成本内在化来纠正"市场失灵"，改变农户对生态环境破坏行为成本的预期，变"不合作博弈"为"合作博弈"，下面以政府与农户之间禁烧秸秆为例进行分析。

基本假设：（1）该博弈局势中的局中人为（政府，农户）。（2）作为博弈局中人的政府和农户，假设农户作为"经济人"，理性地追求利润最大化和成本最小化；政府也以支付成本最小为目标。（3）政府的博弈策略是（监管，不监管）；农户的博弈策略是（不焚烧，焚烧）。（4）政府和农户博弈双方同时决策，且博弈一方对另一方的收益相互了解，并且双方均为理性决策主体。（5）秸秆资源自身具有价值，但只有在农户或企业加工处理之后才能体现，农户处理秸秆需要一定成本费用；对那些因焚烧秸秆导致环境破坏和污染的农户，政府一经查出，农户要受到处罚，但由于客观条件的限制，农户存在有投机取巧的行为；对于因农户焚烧秸秆导致环境污染，政府部门要支付治污费用。

模型建立和解释：R 为政府监管农户禁烧秸秆所获得的收益，包括环境的改善、经济的可持续发展和政府形象提升等；V 为农户秸秆资源自身的价值；C 为农户禁烧秸秆后，处理秸秆资源所投入的成本；S 为政府监管农户禁烧秸秆所花费成本；P 为农户焚烧秸秆导致生态破坏和环境污染可能遭受处罚的概率，$0 \leq P \leq 1$；其中 $P = 0$ 表示农户不可能被监管，$P = 1$ 表示只要农户焚烧秸秆时一定会被查处。F 为政府监管时，对焚烧秸秆的农户进行处罚金额，故农户受到处罚的期望值为 PF；M 为农户焚烧秸秆导致生态环境污染时，地方政府所支付治理额外费用；α 为政府对农户进行监管的概率，$0 \leq \alpha \leq 1$；β 为农户禁烧秸秆的概率，$0 \leq \beta \leq 1$，双方博弈结果见表 3 – 1。

表 3 – 1　　　　　　　　　政府与农户之间的博弈分析矩阵

		政府	
		监管	不监管
农户	不焚烧	$V - C$, $R - S$	$V - C$, R
	焚烧	$-V - PF$, $PF - S - M$	$-V$, $-M$

设 U_1 为农户禁烧秸秆时获得的效用，U_2 为政府在农户不焚烧秸秆过程中获得的效用，根据表中博弈矩阵得出以下两个效用等式：

$$U_1(\beta, 1 - \beta) = \beta[\alpha(V - C) + (1 - \alpha)(V - C)] + (1 - \beta)$$
$$[\alpha(-V - PF) + (1 - \alpha)(-V)] \quad\quad (3 - 23)$$

$$U_2(\alpha, 1-\alpha) = \alpha[\beta(R-S) + (1-\beta)(PF-S-M)] +$$
$$(1-\alpha)[\beta R + (1-\beta)(-M)] \qquad (3-24)$$

根据一阶导数条件分别对式（3-23）和式（3-24）求最大效用值 U_1 和 U_2，可得到如下等式：

$$\frac{\partial U_1}{\partial \beta} = \alpha(V-C) + (1-\alpha)(V-C) + \alpha(V+PF) + (1-\alpha)V = 0$$
$$(3-25)$$

$$\frac{\partial U_2}{\partial \alpha} = \beta(R-S) + (1-\beta)(PF-S-M) - \beta R + (1-\beta)M = 0$$
$$(3-26)$$

由式（3-25）和式（3-26）计算得出政府对农户进行监管的概率 α^* 和农户实施循环经济方式的概率 β^*：

$$\alpha^* = -\frac{2V-C}{PF} \qquad (3-27)$$

$$\beta^* = 1 - \frac{S}{PF} \qquad (3-28)$$

式（3-27）和式（3-28）即为博弈模型的混合策略纳什均衡，当 $\alpha \in [0, -\frac{2V-C}{PF})$ 时，农户的最优策略选择是焚烧秸秆；当 $\alpha \in (-\frac{2V-C}{PF}, 1]$ 时，农户的最优策略选择是不焚烧秸秆。当 $\beta \in [0, 1-\frac{S}{PF})$ 时，政府的最优策略选择是监管；当 $\beta \in (1-\frac{S}{PF}, 1]$ 时，政府的最优策略选择是不监管。当 $\alpha = \alpha^* = -\frac{2V-C}{PF}$、$\beta = \beta^* = 1-\frac{S}{PF}$ 时，农户和政府双方达到博弈均衡。

从式（3-27）可以看出，在政府对违反禁烧农户进行处罚值 PF 不变条件下，当 $2V-C \geq 0$，即 $V \geq C/2$，农户禁烧秸秆方式的收益大于成本，农户选择不焚烧，自觉会把废弃物变为再生资源，政府无须对农户进行监管，此时 $\alpha^* = 0$；同理，当 $2V-C \leq 0$ 时，农户禁烧秸秆收益小于成本，农户选择焚烧，此时，政府的监管概率 $\alpha^* \geq 0$。

在一定科技发展水平下，农户将秸秆妥善处理的成本 C 保持不变，V 往往会成为农户是否会焚烧秸秆的关键因素，众所周知，在传统农业中秸秆资源具有饲料和燃料的作用，但在经济较发达农村地区，这两方面的价值会很小，要想增加秸秆资源价值 V，就必须对秸秆资源进行深加工，围绕肥料化、饲料化、基料化、原料化和燃料化进行综合利用，例如，普及保护性耕作技术，使粉碎的秸秆还田；在畜禽养殖优势区进行秸秆饲料加工；把秸秆作为培养基来栽培食用菌；利用秸秆植物纤维来制浆造纸；利用秸秆含有丰富的有机质来制造沼气等。

从式（3 – 28）可知，在政府监管成本 S 不变条件下，政府对违反禁烧的农户进行处罚概率 P 和处罚金额 F 值越大，PF 值就越大，农户不焚烧秸秆的概率 β^* 也就越大。P 的取值与地方政府监管的力度有关且成正比，与农户投机取巧的能力和农田的分散程度有关且成反比（李振宇等，2002）。一方面，由于农村地区土地辽阔，农户地块多而散，缺乏有效执行力度，农户会利用这些客观条件来投机取巧；另一方面，地方政府部门执法成本高，农户投机取巧的可能性较大。因此，若想使农户遵守秸秆禁烧规定，地方政府可以适当地加大对农户的监管力度和处罚力度来限制农户焚烧秸秆。

二、农户与企业之间的博弈行为分析

以农户向企业出售农业秸秆资源为例，目前全国每年约有 5 亿吨的秸秆资源，大多数只是作为燃料，开发利用比例较低，且污染环境（王萍辉，2008）。作为循环农业产业链的起始端，若企业通过循环农业生产模式，以生物质能源为纽带，把企业和农户作为生产单位，利用秸秆发酵技术生产固体燃料、酒糟或沼气，就能够延伸农业产业链条，增加经济效益，减少环境污染。这在某种程度上技术创新比地方各级政府三令五申禁止焚烧秸秆的制度规定和创新更重要（李振宇等，2002）。然而，为了保证企业可靠充足的原料来源，企业与农户之间会通过订单或契约形式对农户（或农户合作组织）的秸秆资源进行收购，而在实际生活中，由于农户数量多，生产经营比较分散，企业的监督手段很难真实有效地实施，企业直接与农户进行交易成本非常高，即使农户违约，企业执行惩罚措施的成本也非常高（周荣华等，2013）。再加上市场供需变化的不确定性，企业和农户之间存在着利益博弈关系。下面以"企业＋中间组织＋农户"的典型模式为例分析企业和农户之间的博弈关系。

基本假设：（1）该博弈局势中的局中人为（企业，农户）；（2）作为博弈局中人的企业和农户，都理性地追求利润的最大化和成本最小化；（3）企业和农户的博弈策略是（履约，不履约）；（4）企业和农户博弈双方同时决策，且博弈一方对另一方的收益相互了解，并且双方均为理性决策主体，即主要讨论完全信息下企业和农户之间的静态博弈。

假设 P_a 为企业与农户间契约规定的价格；P_l 为订单履约时低于 P_a 的市场价格；P_u 为订单履约时高于 P_a 的市场价格；R_l、R_a、R_u 分别为企业在不同价格 P_l、P_a、P_u 下的收益，其中，$R_l = R_a + (P_a - P_l)Q$，$R_u = R_a - (P_u - P_a)Q$；C 为农户生产的费用成本；F 为订单双方对于违约行为的处罚，即违约成本；α 为违约方受处罚的概率（$0 \leqslant \alpha \leqslant 1$），故违约方可能受处罚的期望值为 αF，且罚金由监督方和守约方均得；Q 为双方交易订单数量；假定由第三方"中间组织"的介入来监督企业和农户之间订单农业的执行过程，这里的"中间组织"包括政府部门、农户合作组织、农村经济组织等，并且假设中间组织在参与监督双方履约行为过程中发生费用 C_s，由双方共同分摊支付，则双方博弈结果见表 3-2。

表 3-2 企业与农户之间博弈分析矩阵

		企业	
		履约	不履约
农户	履约	$P_aQ - C - \dfrac{C_s}{2}$，$R_a - \dfrac{C_s}{2}$	$P_lQ + \dfrac{\alpha F}{2} - C - \dfrac{C_s}{2}$，$R_l - \alpha F - \dfrac{C_s}{2}$
	不履约	$P_uQ - \alpha F - C - \dfrac{C_s}{2}$，$R_u + \dfrac{\alpha F}{2} - \dfrac{C_s}{2}$	0，0

由表 3-2 可知，当秸秆收购的市场行情较好，即 $P_a \leqslant P_u$ 时，作为

农业循环经济中农户行为理论分析与实证研究

"理性经济人"的农户存在有违约倾向或行为，因为农户可以把秸秆以高于订单的价格销售给市场而获得更多的收益，此时当 $P_aQ - C - \dfrac{C_s}{2} >$

$P_uQ - \alpha F - C - \dfrac{C_s}{2}$时，即 $\alpha F > (P_u - P_a)Q$ 时，农户选择履约，否则，将会选择违约。也就是说，当市场价格高于订单签订价格时，农户在市场上销售秸秆所获得的收益小于因违约而受到处罚成本时，农户是不会选择违约的。

同理，当秸秆收购的市场行情较差，即 $P_l \leqslant P_a$ 时，企业作为追求利益最大化者，可能存在有违约倾向或行为，因为企业可以以低于订单价格的市场价格来收购秸秆，从而节约收购成本，增加利益，此时如果 $R_a - \dfrac{C_s}{2} > R_l - \alpha F - \dfrac{C_s}{2}$时，即 $\alpha F > (P_a - P_l)Q$ 时，企业选择履约，否则，将会选择违约。也就是说，当市场价格低于订单签订价格，企业因违约受到处罚成本大于在市场上购买秸秆所获得的收益时，企业会选择履约。可以看出，当中间组织的介入对双方履约行为有效监督时，虽然增加一定成本，但只要监督和处罚规定合理，就可以降低合约违约率。

三、农户与农户之间的博弈行为分析

农村生态环境恶化是现代"公地悲剧"，清新的空气和洁净的水与开放的草地一样是公共资源，而且，过度污染也与过度放牧一样，造成环境的负外部性，引起"市场失灵"，如农村地区的畜禽废弃物、秸秆、化肥农药及农膜的污染问题。

基本假设：（1）该博弈局势中的局中人为（农户甲，农户乙）；（2）作为博弈局中人的甲乙农户，都理性地追求经济利润的最大化和成本最小化；（3）甲乙农户的博弈策略都是（循环清洁生产，传统经济生产）；（4）甲乙农户是在完全竞争市场条件下，博弈双方同时决策，且博弈一方对另一方的收益相互了解，并且双方均为理性决策主体。

模型建立和解释：R_1、R_2 为甲乙农户在循环清洁生产条件下所得收益；C_1、C_2 为甲乙农户在循环清洁生产方式下所投入成本；r_1、r_2 为甲乙农户在传统经济生产条件下所得收益，双方博弈结果见表 3 – 3。

表 3 – 3　　　　　　　　　　农户与农户之间博弈分析矩阵

		农户乙	
		循环清洁生产	传统经济生产
农户甲	循环清洁生产	$R_1 - C_1$，$R_2 - C_2$	$R_1 - C_1$，r_2
	传统经济生产	r_1，$R_2 - C_2$	r_1，r_2

从表 3 – 3 中博弈模型可以看出，根据农户的假设条件不同，我们可以把农户之间的博弈行为分为三种情况：

第一，如果甲乙农户的生产规模都较大，并且双方进行循环清洁生产所获得的收益大于用传统生产方式所获得的收益，即 $R_1 - C_1 > r_1$，$R_2 - C_2 > r_2$，则无论对方如何决策，甲乙农户均会选择循环清洁生产方式，此时，模型达到唯一纳什均衡解（循环清洁生产，循环清洁生产），从而达到"良性循环"（赵峰，2007）。

第二，如果甲乙农户的生产规模不同，较大的甲（或乙）农户采用循环清洁生产方式比传统经济生产方式能取得更好的收益，此时 $R_1 - C_1 > r_1$（或 $R_2 - C_2 > r_2$），而乙（或甲）农户采用循环经济生产方式则要支付较大成本，此时 $R_2 - C_2 < r_2$（或 $R_1 - C_1 < r_1$），则在自身利益的驱动下甲（或乙）农户会选择循环清洁生产方式，而乙（或甲）农户不论甲（或乙）农户选择何种生产方式，只选择传统经济生产方式，于是，模型也只有唯一纳什均衡（循环经济生产方式，传统经济生产方式）或（传统经济生产方式，循环经济生产方式），从而达到"智猪博弈"。

第三，如果甲乙农户的生产规模都较小，并且双方进行循环清洁生产所获得的收益小于用传统生产方式所获得的收益，即 $R_1 - C_1 < r_1$，$R_2 - C_2 < r_2$，则无论对方如何决策，甲乙农户均会选择传统经济生产方式，此时，模型达到唯一纳什均衡解（传统经济生产，传统经济生产），从而达到"囚徒困境"。

第三节　本章小结

首先，本章对农户参与循环农业行为过程进行模型构建，在农户有机肥投入选择决策模型中，分析了农作物增产率、施用有机肥额外成本和农作物价格波动幅度对农户有机肥选择行为的影响；在农户循环农业技术采用行为模型中，分析了农户循环农业技术采用的成本与收益，并对农户采用循环农业技术的内在需求与农业废弃物利用生产能力相互匹配的内在机理进行探讨；在农户农作物秸秆处置行为模型中，分析了农户家庭特征、生产状况及外部环境等因素对农户秸秆处置行为的影响；在农业废弃物资源化利用模型中，分别从社会角度和私人角度分析农业废弃物资源化利用最优化数量的差异，并进一步分析如何通过公共政策和技术进步来增加私人农业废弃物资源化利用最优化数量。

其次，利用博弈理论对农户与循环农业相关利益行为主体之间进行分析，研究了农户与政府、农户和企业以及农户之间的相互利益博弈关系，分析了各个行为主体目标、认知和利益上的差异，得出以下结论：

一是在一定时期生产成本保持不变情况下，农户参与循环农业所得收益和政府激励机制是影响农户对农业循环经济发展的关键因素。作为有限"理性经济人"，农户往往注重短期经济效益，缺乏废弃物资源化利用和环境生态保护意识，因此发展循环农业经济的自觉性和主动性不足，若农户废弃物资源化利用或无害化处理成本过高，农户很容易产生投机行为。

二是农户和企业均为有限"理性经济人"，当存在合约不规范（如违约成本过低）、信息不对称和市场环境变化时，双方易产生违约行为或机会主义倾向。订单中价格条款的制定对订单稳定性有重要影响；当中间组织介入时，能够加强双方监督力度，并降低交易费用，进而提高合约履约率；在某种程度上，市场风险化解机制对合约稳定性有重要影响。

三是农户与农户之间是否决定参与循环农业生产方式最主要影响因素是经济效益。

第四章

研究区农户参与
循环农业行为描述统计

本章首先对研究区的自然、社会和经济状况进行概述，进而描述样本区域农业发展状况；其次以实地调研数据为基础，对研究区受访农户的家庭基本特征和经济状况进行统计分析，并且对农户参与循环农业行为进行统计描述，具体包括农户对循环农业认知及态度、日常生产行为、新技术采用行为及废弃物处置等相关行为；最后对循环农业发展外部环境及现状评价进行描述分析。

第一节　研究区基本概况

一、样本区域自然、社会和经济状况

研究区辽中县隶属辽宁省沈阳市，位于辽宁省中部，地处东经122°28′至123°6′，北纬41°12′至41°47′。全县区域面积1460平方公里，地处辽河流域下游，属辽河、浑河冲积平原。该县域处南温带亚湿润区，属大陆性气候，春季多风，夏季频雨。年平均气温8℃，年平均降雨量640毫米。境内主要有辽河、浑河、蒲河、细河、绕阳河五河过境，形成了典型冲积平原地貌，可利用地下水资源5.9亿立方米，年平均无霜期168

天，是一个地域平坦、土质肥沃、温度适宜的鱼米之乡。

辽中县下辖 17 个乡镇和 1 个省级经济开发区，184 个行政村，总人口 47.1 万。2013 年，辽中县实现地区生产总值 392 亿元，同比增长 7.5%，其中农业总产值实现 144.19 亿元，实现农业增加值 77 亿元，农民人均纯收入达 14081 元，同比增长 11.80%。辽中县位于辽宁省中部城市群的中心地位，1.5 小时经济圈内包括沈阳、抚顺、本溪、辽阳、营口等 8 个城市，辽中县是沈西工业走廊的西部端点，生产果蔬作物占沈阳市区果蔬市场份额的 30%，具有明显区域优势和战略位置[1][2]。

二、样本区域农业发展状况

研究区辽中县耕地面积 115 万亩，是全国粮食生产基地县，依托冷子堡镇的社甲村国家生态农业示范基地，完成了户用沼气池 2000 个、沼气服务网点 10 个。2013 年完成新建、改造设施农业 5 万亩，节水增粮 2.6 万亩，植树造林 5 万亩，粮食高产创建 100 万亩。设施农业突破 35 万亩；2013 年肉牛出栏数为 48.4 万头，同比增长 10.5%；蛋奶产量分别为 11.04 万吨和 3.8 万吨。设施农业突破 35 万亩；蛋、奶产量分别为 8.7 万吨、3.6 万吨，同比增长 10.5%、16.9%[3]。

辽中县种植业以水稻、玉米、花生、蔬菜为主，养殖业以肉牛、猪、鸡为主，其中肉牛养殖为一大特色，农业精深加工项目加速推进，鑫运寒富苹果深加工等项目正式签约，天赢菌业、沈阳九州等项目全面开、复工，完成了国家级休闲农业示范县创建工作，水稻研究院士工作站落户辽中，辽中大米、辽中葡萄产品获批新的国家地理标志保护产品示范县；冷子堡镇社甲村荣获东北首家国家生态农业示范基地。2013 年辽中县克服了罕见低温、雨雪天气等不利影响，粮食生产实现"十连增"。年内新增、改造设施农业完成 3 万亩，创建粮食高产示范片 32 个，造林

①③　沈阳市统计局：《沈阳农村统计年鉴》，中国统计出版社 2014 年版。
②　沈阳市统计局：《沈阳统计年鉴》，中国统计出版社 2014 年版。

6.3万亩，新增畜牧小区15个，农民专业合作社发展到441家，完成农建骨干工程96项①②。

"辽中鲫鱼""辽中寒富苹果""辽中玫瑰"三项国家地理标志有效提升了农产品的附加值和影响力。坚持特色农业提高增效，以农业经济区建设为载体，大力调优农业产业结构，发展都市农业，促进了农业经济快速、协调、可持续发展。2012年辽中县获得第十二届全国县域经济与县域基本竞争力"百强县"称号，是东北首家国家级生态县、东北唯一的"国家出口食品农产品质量安全示范区"、全国首批"国家现代农业示范区"、全国商品粮基地县、全国菜篮子先进县、全国肉鸡生产基地、全国瘦肉猪生产基地、东北最大肉牛生产基地、全国农业标准化示范县，以上为农产品深加工产业提供丰富资源。

第二节　调查样本选择及相关情况说明

一、调查样本选取、方法和内容

为了解研究区农业循环经济发展现状，有关农户农业生产和生活情况及资源利用状况等情况，调查组采用问卷调查、入户访谈等方式进行实地调查。本次调查样本选取采用分层逐级抽样和随机抽样相结合方法，调查具体方式为：在研究区随机选择5个乡（镇），每个样本乡（镇）中再随机选择4~5个村，每个村再随机抽取15~25个农户，农户选取依据人口特征、年收入水平等因素进行选择。由此，共发放样本总量为21个村的420份问卷，经过进一步筛选和甄别，剔除数据缺失问卷12份，最终获得有效问卷408份（有效率为97.1%）。

循环农业社会调查问卷设计共分三个部分，分别是农户调研问卷、

———————

①　沈阳市统计局：《沈阳农村统计年鉴》，中国统计出版社2014年版。

②　沈阳市统计局：《沈阳统计年鉴》，中国统计出版社2014年版。

村级调研问卷和涉农企业调研问卷。其中农户调查问卷主要涉及五方面内容：一是农户个体基本特征（包括性别、年龄、文化程度、收入水平等）；二是农户农业生产情况（包括种植业、养殖业、渔业生产及酿酒加工业经营等）；三是农业生产和生活环境情况（包括农村物质基础设施、农业生产科技和信息需求、农业融资、农村能源需求等）；四是农户对循环农业的认知及参与意愿调查情况（包括农户的环保意识、农家肥及农药使用、农业废弃物利用、生活垃圾处理等）；五是农户对农业专业合作社、涉农企业和政府功能感知情况（包括参与农业合作社行为、对涉农企业作用感知、对政府主要职能评价等）。

村级调研问卷主要包括三方面内容：一是受访村基本情况（包括村农户数量、村土地利用面积、畜禽养殖业生产、村干部规模及素质结构等）；二是受访村基础设施和资源状况（包括村公路交通、水利、乡村清洁工程、村垃圾及污水处理、农村公共服务等）；三是村基层组织对循环农业发展认知情况（包括循环农业了解情况、无公害农产品生产、各级政府对循环农业政策扶持及规划等）。

涉农企业调研问卷涉及三方面内容：一是企业基本情况（包括企业经营性质、销售规模、主营产品品牌及认证等）；二是企业生产情况（包括有机肥和沼气生产和投入情况、企业产值利润、与农户间利益分配和监督机制等）；三是市场情况（包括产品销售地点、进出口经营权、企业发展前景预测等）。

在研究区调查的 5 个乡（镇）主要包括：六间房镇、城郊乡、冷子堡镇、肖寨门镇、养士堡镇。其中，六间房镇位于县境南部，农业以种植业为主，主产水稻和玉米，经济作物为花卉和果蔬，主打"辽中玫瑰"品牌；城郊乡位于县境西北部，以传统种植业和养殖业为主，其生态农业采摘垂钓庄园和温泉度假庄园发展迅速；冷子堡镇位于县域北部，农业以种植业和果蔬为主，为淡水鱼养殖基地，是全县精养鱼池面积最多的乡镇；肖寨门镇位于该县东南部，除传统种植业外，白酒和肉牛养殖是该地区经济发展的标志性主导产业；养士堡镇位于该县中北部，是商品粮、商品果蔬之乡，以生态建设带动旅游开发，以旅游开发促进农业结构调整的三者有机结合，相互促进，并推动农业经济可持续发展。

研究区具体调查地点和问卷数量情况如下：六间房镇调查获取农户有效问卷83份，村级调研问卷5份，调查范围包括许家、正士堡、裴家乡、长岗子和老窝棚5个村，共27个村民小组；城郊乡调查获取农户有效问卷93份，村级调研问卷4份，调查范围包括卡北、小龙湾、双山子和肖家崴4个村，共19个村民小组；冷子堡镇调查获取农户有效问卷78份，村级调研问卷4份，涉农企业调研问卷1份，调查范围包括社甲、榛子岗、金山堡和黄西4个村，共17个村民小组；肖寨门镇调查获取农户有效问卷80份，村级调研问卷4份，涉农企业调研问卷1份，调查范围包括妈妈街、肖南、肖东和肖北4个村，共29个村民小组；养士堡镇调查获取农户有效问卷74份，村级调研问卷4份，涉农企业调研问卷1份，调查范围包括细河沿、夏堡子、养后和王家岗4个村，共16个村民小组。其中调查农户数最多的是城郊乡，共93份，占总农户调查问卷的22.79%；调查农户数最低的是养士堡镇，共74份，占18.14%，其他依次是六间房镇占20.34%，肖寨门镇占19.61%，冷子堡镇占19.12%（见表4-1）。

表4-1   受访农户调查地点及问卷分布情况

乡镇	村	村民组数（个）	调查农户数 有效问卷数（份）	比重（%）
六间房镇	许家村	4	17	4.17
	正士堡村	5	15	3.68
	裴家乡村	5	16	3.92
	长岗子村	8	18	4.41
	老窝棚村	5	17	4.17
	小计	27	83	20.34
城郊乡	卡北村	6	25	6.13
	小龙湾村	2	22	5.39
	双山子村	5	24	5.88
	肖家崴村	6	22	5.39
	小计	19	93	22.79

乡镇	村	村民组数（个）	调查农户数 有效问卷数（份）	比重（%）
冷子堡镇	社甲村	2	21	5.15
	榛子岗村	4	19	4.66
	金山堡村	3	18	4.41
	黄西村	8	20	4.90
	小计	17	78	19.12
肖寨门镇	妈妈街村	12	21	5.15
	肖南村	6	18	4.41
	肖东村	6	16	3.92
	肖北村	5	25	6.13
	小计	29	80	19.61
养士堡镇	细河沿村	3	19	4.66
	夏堡子村	3	16	3.92
	养后村	6	17	4.17
	王家岗村	4	22	5.39
	小计	16	74	18.14
合计	21	108	408	100.00

资料来源：农户调查数据整理所得。

循环农业中废弃物资源化利用是重要的关键环节，在研究区调查 4 个涉农企业中，属于循环农业中产业链接化的关键节点，其中 2 个企业生产生物有机肥，分别位于肖寨门镇和养士堡镇，1 个企业生产食用菌，位于城郊乡，1 个企业生产生物质气化，位于冷子堡镇，企业性质均为民营企业（见表 4-2）。

表 4-2　　　　　　涉农企业地区分布和基本情况

地区	企业名称	企业生产类型	企业性质
肖寨门镇	沈阳海乐斯生物科技有限公司	生物有机肥	民营企业
养士堡镇	沈阳树新畜牧有限公司	生物有机肥、沼气	民营企业
城郊乡	沈阳佰宣食用菌有限公司	食用菌种植、加工、销售	民营企业
冷子堡镇	辽宁金碧新能源开发有限公司	生物质气化	民营企业

资料来源：企业调查数据整理所得。

二、受访农户家庭基本情况

农户是循环农业发展直接主体，其自身特征因素决定着发展循环农业的行为。一般情况下，农户的主要特征包括性别、年龄、文化程度、务农年限、外出打工经历、家庭人口数、家庭总收入、社会资源和心理特征等。在很大程度上劳动力的数量和质量决定着农户经济行为。农户家庭中户主的年龄、受教育程度、社会实践经验等代表着劳动力素质，其中受教育水平是影响农户采用可持续生产技术的重要因素（周洁红，2007）。因此，农户自身基本特征是影响循环农业体系中农户经济行为的重要因素。

（一）农户家庭人口及劳动力

从研究区户均人口数来看，各乡镇地区户均人口为 3.56 人，但六间房镇和城郊乡与其他地区相比较，户均人口数稍多，其中肖寨门镇的妈妈街村户均人口数最多，为 4.00 人；其次是六间房镇的正士堡村为 3.93 人和冷子堡镇的榛子岗村为 3.89 人，最少的是养士堡镇的细河沿村 2.89 人。从户均劳动力数量来看，城郊乡和养士堡镇较多，总体差别不大，其中以六间房镇的裴家乡村户均劳动力 2.69 人为最多，六间房镇的长岗子村 1.94 人为最少；户均务农劳动力数量以养士堡镇相对较多，以肖寨门镇的妈妈街村户均务农劳动力 2.52 人为最多，以城郊乡的卡北村 1.56 人为最少；从户均外出打工人数来看，六间房镇和城郊乡打工人数相对较多，以城郊乡的肖家崴村户均外出打工人数 1.10 人为最多，最少为肖寨门镇的肖东村 0.06 人；从平均务农年限来看，城郊乡和养士堡镇较多，但整体上务农年限分布较均匀，以肖寨门镇的平均务农年限为最少，这可能与该镇有许多酿酒加工企业有关（见表 4-3）。

表 4 – 3　　　　　　　受访农户家庭人口及劳动力状况

乡镇	村	有效问卷数（份）	户均人口（人）	户均劳动力（人）	户均务农劳动力（人）	户均外出打工人数（人）	平均务农年限（年）
六间房镇	许家村	17	3.82	2.47	2.00	0.71	26.00
	正士堡村	15	3.93	2.67	1.93	0.73	26.73
	裴家乡村	16	3.88	2.69	1.94	0.88	21.56
	长岗子村	18	3.17	1.94	1.78	0.22	27.50
	老窝棚村	17	3.82	2.35	1.94	0.82	26.23
城郊乡	卡北村	25	3.68	2.24	1.56	0.76	30.86
	小龙湾村	22	3.22	2.17	1.78	0.44	22.28
	双山子村	24	3.38	2.62	2.19	0.52	32.00
	肖家崴村	22	3.75	2.55	1.80	1.10	28.80
冷子堡镇	社甲村	21	3.47	2.21	1.74	0.63	26.84
	榛子岗村	19	3.89	2.17	1.78	0.56	21.83
	金山堡村	18	3.06	2.17	1.89	0.56	24.39
	黄西村	20	3.70	2.45	2.05	0.40	25.45
肖寨门镇	妈妈街村	21	4.00	2.76	2.52	0.19	21.67
	肖南村	18	3.11	2.17	1.94	0.28	26.17
	肖东村	16	3.25	2.00	2.00	0.06	18.25
	肖北村	25	4.08	2.44	1.84	0.28	18.76
养士堡镇	细河沿村	19	2.89	2.26	2.00	0.26	25.63
	夏堡子村	16	3.50	2.56	2.19	0.63	26.88
	养后村	17	3.29	2.47	2.24	0.18	24.29
	王家岗村	22	3.77	2.50	2.09	0.41	26.00

资料来源：农户调查数据整理所得。

（二）农户家庭经营土地面积

从研究区受访农户家庭经营土地面积来看，户均土地面积较多的地区为冷子堡镇和养士堡镇，其中以冷子堡镇的金山堡村 40.74 亩为最多，据调查，该镇 2012 年村总户数 270 户，全村土地总面积 11000 亩，其中耕地总面积 3000 亩，鱼塘总面积 5000 亩，林地总面积 3000 亩；以城郊乡的小龙湾村户均土地面积 1.76 亩为最少；从户均耕地面积来看，六间房镇和冷子堡镇较多，城郊乡的户均耕地面积较少，其中以冷子堡镇的黄西村户均耕地面积 23.10 亩为最多，以城郊乡的小龙湾村户均耕地面积 1.53 亩为最少，一般情况下，农户家庭土地面积规模对农户经济行为产生重要影响，但从整体上来看，这种影响不会改变农业发展经营模式。如果农户家庭土地面积规模相对较小，农户经济行为可能会产生两种情况：一种是在原有土地经营规模上进行精耕细作，尽可能提高单位面积的农产品收益；另一种是农户家庭中剩余劳动力将大量转移到其他非农行业，以获得非农收入。进一步调查显示，户均耕地面积较小的城郊乡地区，由于户均土地经营规模较小，在调查的 93 户农户中，共有 45 户外出打工，外出打工率近 50%，而户均耕地面积较多的养土堡镇，在分别调查的 74 户农户中，外出打工总人数分别只有 22 户，外出打工率只有 29.73%（见表 4-4）。

表 4-4　　　　　　　受访农户家庭经营土地面积　　　　　　单位：亩

乡镇	村	户均土地面积	人均土地面积	务农劳动力人均耕地面积	户均耕地面积	户均鱼塘面积	户均园地面积	其他面积
六间房镇	许家村	17.35	4.44	8.36	16.72	0.63	0.32	—
	正士堡村	9.47	2.43	4.47	8.63	—	1.05	—
	裴家乡村	16.39	3.89	6.42	12.46	0.82	0.98	—
	长岗子村	11.50	3.68	6.46	11.50	—	—	0.06
	老窝棚村	13.57	4.07	5.31	10.29	1.14	0.98	—
城郊乡	卡北村	6.39	1.53	3.58	5.59	0.80	0.32	—
	小龙湾村	1.76	0.68	0.86	1.53	0.12	0.12	—
	双山子村	9.23	3.12	4.21	9.23	0.34	0.16	—
	肖家崴村	9.08	3.24	4.04	7.26	0.12	0.73	0.97
冷子堡镇	社甲村	23.08	6.38	8.84	15.38	0.77	—	—
	榛子岗村	14.44	4.00	7.88	14.03	0.42	0.28	—
	金山堡村	40.74	12.64	5.88	11.11	18.52	11.11	3.70
	黄西村	32.76	3.52	11.27	23.10	3.45	3.45	2.76

乡镇	村	户均土地面积	人均土地面积	务农劳动力人均耕地面积	户均耕地面积	户均鱼塘面积	户均园地面积	其他面积
肖寨门镇	妈妈街村	6.31	1.97	2.20	5.56	—	0.06	0.71
	肖南村	9.27	2.98	4.70	9.11	0.09	0.11	—
	肖东村	7.14	2.25	3.30	6.61	0.36	0.07	—
	肖北村	9.89	3.22	5.16	9.50	—	1.11	0.22
养士堡镇	细河沿村	10.00	3.08	3.88	7.75	0.25	—	—
	夏堡子村	10.99	3.58	4.42	9.69	0.63	0.39	—
	养后村	26.65	7.95	8.40	18.81	2.04	4.70	—
	王家岗村	17.65	5.20	5.91	12.35	0.50	0.88	—

资料来源：农户调查数据整理所得。

（三）受访农户基本特征

农户基本特征主要包括户主的性别、年龄、文化程度等。调查显示，在408户受访农户中，男性户主比例为89%，女性比例为11%，男性户主比重远高于女性；从年龄分布来看，受访农户中年龄在40～50岁的受访农户数最多，所占比例为33.09%，其次为50～60岁的受访农户数，占比为30.64%，其中城郊乡的受访农户年龄在40～50岁的最多，占比为23.70%，肖寨门镇和冷子堡镇的受访农户中40～50岁的农户数最少，均占比为17.78%；从文化程度分布来看，受访农户中具有初中文化程度的最多，共251户，占总调查样本农户的61.52%，其中肖寨门镇受访农户中具有初中文化程度的农户数占比数最高，比重为22.31%，养士堡镇受访农户中具有初中文化程度的农户数占比最低，比重为18.73%；从家庭年收入分布来看，受访农户家庭年收入最少的仅为0.14万元，最多的为20.31万元，平均为3.88万元，受访农户家庭年收入在0.5万～4.5万元的农户数最多，共225户，占比为55.15%，其中城郊乡受访农户中家庭年收入在0.5万～4.5万元的农户数占比最高，比重为25.33%，肖寨门镇受访农户中家庭年收入在0.5万～4.5万元的农户数占比最低，比重为13.78%（见表4－5）。

表 4 – 5　　　　　　　　　　受访农户基本特征

调查地区		不同年龄段人数（人）					不同文化程度人数（人）				不同家庭年收入户数（户）			
乡镇	村	30岁以下	30~40岁	40~50岁	50~60岁	60岁以上	小学及以下	初中	高中及中专	大专及以上	0.5万元及以下	0.5万~4.5万元	4.5万~8.5万元	8.5万元以上
六间房镇	许家村	0	2	8	6	1	2	13	2	0	2	8	3	4
	正士堡村	0	5	2	7	1	5	8	2	0	3	10	2	0
	裴家乡村	0	1	7	5	3	3	9	4	0	1	12	3	0
	长岗子村	1	2	6	3	6	4	12	1	1	6	11	1	0
	老窝棚村	0	3	7	6	1	5	7	2	3	3	8	5	1
	小计	1	13	30	27	12	19	49	11	4	15	49	14	5
城郊乡	卡北村	0	1	6	8	9	10	12	2	1	7	14	3	1
	小龙湾村	1	1	9	5	6	1	19	2	0	2	12	6	2
	双山子村	1	0	7	5	9	13	10	1	0	6	14	2	2
	肖家崴村	0	3	9	4	6	9	10	2	1	2	17	3	0
	小计	2	5	32	24	30	33	51	7	2	16	57	14	5
冷子堡镇	社甲村	0	2	4	10	5	10	10	0	0	2	6	11	2
	榛子岗村	2	0	8	6	3	7	12	0	0	1	17	0	1
	金山堡村	1	4	7	4	2	3	13	1	1	0	14	1	3
	黄西村	0	6	5	6	3	5	13	0	2	2	10	5	3
	小计	3	12	24	26	13	25	48	1	4	5	47	17	9
肖寨门镇	妈妈街村	0	8	3	7	3	6	14	1	0	1	8	5	7
	肖南村	0	1	8	7	2	9	8	0	1	2	9	4	3
	肖东村	0	7	3	4	2	1	14	1	0	3	3	7	3
	肖北村	1	5	10	6	3	2	20	2	1	0	11	8	6
	小计	1	21	24	24	10	18	56	4	2	6	31	24	19
养士堡镇	细河沿村	0	4	4	9	2	2	12	4	1	1	9	6	3
	夏堡子村	0	4	6	6	2	7	7	1	0	0	6	8	2
	养后村	0	3	6	5	3	2	13	1	1	2	10	4	1
	王家岗村	0	4	9	4	2	4	15	2	1	3	16	3	0
	小计	0	13	25	24	12	15	47	8	4	6	41	21	6
合计	21	7	64	135	125	77	110	251	31	16	49	225	90	44

资料来源：农户调查数据整理所得。

三、受访农户家庭经济状况

从调查地区农户家庭年收入来源显示，肖寨门镇户均家庭年收入最高为 57075.12 元，其原因可能与该镇酿酒行业有关，该地区白酒酿造已有 30 多年历史，并确定发展白酒酿造为"一乡一业"，并且建立了肉牛交易批发市场和蔬菜批发市场，为此还有大量外来务工人员到该镇酿酒企业打工；其次是冷子堡镇为 39944.79 元，城郊乡户均家庭年收入最少，为 26711.48 元。在农业收入中，仍然是肖寨门镇最高，为 44879.72 元；其次是养士堡镇 27195.29 元，城郊乡为最低，为 12580.25 元。在非农收入中，以冷子堡镇 15151.54 元为最多，其次是六间房镇，为 13418.07 元；养士堡镇的非农收入最低，为 10224.32 元。在各地区农业综合补贴中，以六间房镇最高，为 1131.86 元，其次是养士堡镇 1052.04 元，最低的是肖寨门镇，为 805.40 元，其他冷子堡镇和城郊乡分别为 1032.01 元和 850.26 元。从整体上看，各地区农业综合补贴差别不大，分布较均匀，其中农业综合补贴主要包括良种补贴、粮食直补、农机补贴、自然灾害补贴、基本设施补贴、保险理赔收入、退耕还林补贴等。

从调查地区农户家庭收入构成来看，六间房镇以农业收入为主，其中农业以水稻、玉米和花卉为主，农业收入占 54.24%，非农收入占 42.20%；城郊乡农户户均耕地面积较小，农村剩余劳动力相对较多，在调查中该地区外出打工人数也是最多的，该地区农户非农收入占家庭收入比例较大，为 49.72%，而农业收入比重为 47.10%，其中农业主要以水稻、玉米和棚菜为主；冷子堡镇以农业收入为主，占家庭收入的 59.49%，其中农业主要以种植业和渔业为主，其中种植业以水稻、棚菜为主，渔业以淡水鱼养殖为主，并确定发展棚菜为"一乡一业"，非农收入占 37.93%；肖寨门镇农业收入所占比重为 78.63%，农业主要以种植业和养殖业为主，其中肉牛养殖为该地区特色产业，非农收入占 19.96%，为各地区非农收入所占比重最低；养士堡镇的农业收入占

70.69%，农业主要以种植业和养殖业为主，其中种植业以水稻、玉米和果蔬为主，养殖业以养猪和家禽为主，非农业收入占26.58%。从整体来看，受访农户中家庭农业收入平均为2.51万元，占64.77%，家庭非农业收入平均为1.27万元，占32.71%，农业综合补贴收入平均为0.10万元，占2.51%。由此可见，农业收入为受访农户家庭主要经济来源（见表4-6）。

表4-6　　　　　研究区受访农户平均家庭年收入及构成比重

调查地区	家庭年收入	农业收入	非农收入	农业综合补贴
六间房镇（元）	31792.79	17242.86	13418.07	1131.86
比重（%）	100.00	54.24	42.20	3.56
城郊乡（元）	26711.48	12580.25	13280.97	850.26
比重（%）	100.00	47.10	49.72	3.18
冷子堡镇（元）	39944.79	23761.24	15151.54	1032.01
比重（%）	100.00	59.49	37.93	2.58
肖寨门镇（元）	57075.12	44879.72	11390.00	805.40
比重（%）	100.00	78.63	19.96	1.41
养士堡镇（元）	38471.66	27195.29	10224.32	1052.04
比重（%）	100.00	70.69	26.58	2.73

资料来源：农户调查数据整理所得。

　　从整体上来看，冷子堡镇和肖寨门镇的家庭年收入明显高于其他三个地区，并且两者也都以农业收入为主，其中前者以渔业、设施农业及种植业为主，并确定棚菜发展为"一乡一业"；后者以肉牛养殖、种植业及白酒酿造为主，并确定白酒酿造为"一乡一业"，而在家庭年收入结构比重中，非农收入所占比重最多是城郊乡，该地区外出打工人数也是最多的，且该地区农户农业收入也是最少的，从以上分析可以看出，一是冷子堡镇和肖寨门镇的循环农业经济效益要高于其他三个地区，从而外出打工人数相对较少；二是由于农业经济效益较低，从而城郊乡外出打工人数相对较多。

第三节　农户参与循环农业生产行为调查分析

一、农户循环农业认知及态度调查分析

调查结果显示，当问及农户是否听说过"循环经济""循环农业"或"生态农业"时，从受访农户选择情况可以看出，在408户受访农户中，表示清楚的农户有41人，占农户总数的10.05%；表示有所了解的农户有56人，比重为13.72%；表示听说过，但不是很清楚的农户有62人，比重为15.12%；还有高达249个农户对其没有听说过，占调查农户总数的61.11%（见表4-7）。从了解程度上来说，仅有23.77%的受访农户对循环农业有所了解，而不了解的受访农户比例高达76.23%，这说明，农户对循环农业认知程度还普遍较低，应该进一步加大政府和媒体的宣传力度，来提高农户对循环农业的认知度。

表4-7　　　　　　　　受访农户对循环农业的认知情况

认知程度	清楚	了解	听说过	没听说过
数量（人）	41	56	62	249
比重（%）	10.05	13.72	15.12	61.11

资料来源：农户调查数据整理所得。

调查发现，从受访农户对循环农业主要获取途径来看，首先是通过电视广播了解循环农业的农户最多，比例高达57.84%；其次是通过村委会宣传获知的，所占比例为13.97%；另外有9.80%的农户是通过网络途径了解的，还有是从亲朋好友和农业技术人员了解循环农业的，分别所占比重为7.84%和6.86%，从其他途径获知循环农业信息的占3.68%，包括从农产品市场、涉农企业介绍等途径（见表4-8）。由此可见，80%以上的受访农户获取循环农业有关信息主要是从电视广播媒体、村委会宣传及网络途径了解的，从其他途径了解的较少，关于循环农业建设的

开展和推广，离不开政府的宣传，若要提高农户对循环农业建设的了解认知程度，应开展多渠道、多途径来广泛宣传，这样可以使农户及时了解到循环农业的进展和动态变化情况，同时，农户应该加强自身学习，进一步提高农户获取信息的能力。

表 4 - 8　　　　　　　　　受访农户获知循环农业的信息渠道情况

认知途径	村委会宣传	亲朋好友	电视广播	农业技术人员	网络	其他
数量（人）	57	32	236	28	40	15
比重（%）	13.97	7.84	57.84	6.86	9.80	3.68

资料来源：农户调查数据整理所得。

农业循环经济中农户行为理论分析与实证研究

　　伴随着全面深化农村改革，我国推动新型工业化、信息化、城镇化和农业现代化同步发展，为提升农业可持续发展能力，农村地区开展了各种各样的农业政策项目，如农业综合开发、乡村清洁工程、新农村建设及生态农业示范等项目建设，当问及受访农户是否参与了这些项目时，在 408 户有效样本中，有 143 户农户表示参与这些项目，占总体调查农户的 35.05%；有 265 户农户没有参与这些项目，所占比例为 64.95%。当问及农户参与以上农业政策项目的主要原因时，表示有政策支持的农户数最多，占 51.27%，如筹建设施农业时，政府有相应的补贴支持等；有 23.16% 的农户是由于看别人的示范效果好而参加政策项目的；还有 17.35% 的农户是由于自发需求而参与的；通过村委会动员参加的农户占 8.22%。当问及农户未参与以上农业政策项目的主要原因时，31.37% 农户表示项目实施的效果不明显，如在沼气建设方面，除了政府补贴投资以外，农户还需要自筹资金，并且由于气候和技术原因，沼气产出率较低，效果不太明显，多数农户的沼气池处于闲置状态；21.40% 的农户表示不参加的原因是由于成本太高，经济条件担负不起，同时还有 12.58% 的农户是因为资金不足；有 20.48% 的农户表示因不了解而未参与农业项目政策，还有 14.17% 的农户表示不需要（见表 4 - 9）。

表 4 - 9 　　　　受访农户是否参与农业政策项目原因统计情况

参与原因	数量（人）	比重（%）	未参与原因	数量（人）	比重（%）
政策支持	73	51.27	资金不足	33	12.58
自发需求	25	17.35	成本太高	57	21.40
示范效果好	33	23.16	效果不明显	83	31.37
村委会动员	12	8.22	不了解	54	20.48
—	—	—	不需要	38	14.17
合计	143	100	合计	265	100

资料来源：农户调查数据整理所得。

二、农户日常生产行为调查分析

（一）化肥与农药投入行为

据统计调查，在农户生产过程投入行为方面，当问及农户是否愿意在生产中少用化肥、多用农家肥或有机肥时，回答愿意的农户数为 288 人，占比为 70.59%；回答不愿意的农户数为 120 人，占比为 29.41%。当问及原因时，回答愿意的受访农户中，一是认为施用有机肥或农家肥，可以改良土壤，增强肥力，增加产量，而化肥价格贵，毒性大，容易使土壤板结，破坏肥力，并且容易发生病虫害率；二是认为有机肥或农家肥种植的农产品质量好，减少环境污染，种出的农产品高质高价，能增加收入；三是认为有机肥对土地污染小，价格成本低；四是认为有机肥可节约肥料，肥效长，育秧快，不烧苗，能够减少病虫害。回答不愿意的受访农户中，一是认为有机肥或农家肥施用量大，不好运输，太费劳力；二是认为有机肥或农家肥短期内肥力不如化肥，化肥见效比较省事；三是认为没有农家肥来源；四是认为务农太忙，没时间施用农家肥。当问及农户农田肥力与 5 年前相比怎么样时，约 38.48% 的受访农户认为比以前变好了，认为和以前差不多的农户占比为 34.31%，还有 27.21% 的农户表示农田肥力没有以前好了（见表 4 - 10），这说明受访农户有将近 3 成农户表示由于连续大量的化肥农药投入，农田土地肥力开始逐渐变差。

表 4 – 10　　　　　受访农户肥料投入意愿及土地肥力统计情况

多农家肥，少化肥意愿	数量（人）	比重（%）	土地肥力	数量（人）	比重（%）
是	288	70.59	比以前好	157	38.48
否	120	29.41	差不多	140	34.31
—	—	—	没以前好	111	27.21
合计	408	100	合计	408	100

资料来源：农户调查数据整理所得。

　　当问及农户在以后化肥施用量变化时，认为化肥施用量不变的农户所占比重最高，为 34.56%，其次认为将增加化肥施用量的农户比重为 32.84%；而认为将减少化肥施用量的农户所占比重为 32.60%。当问及原因时，回答增加化肥施用量的 134 户农户中，约有 57.46% 的农户认为是由于土地的肥力下降导致的，还有 32.84% 的农户认为这样可以提高粮食产量；而表示是因为受他人影响的农户数占比为 9.70%，这表明农户在生产投入行为中具有"从众效应"，在某些特征上有高度相似性的农户之间，其信息的互动性也更加有效，而在某些特征方面有差异的农户之间，会加速创新扩散和农户间分化，在农村"熟人社会"的影响下，当农户看到别的农户在增加化肥施用量时，往往在"从众效应"作用下，也会增加化肥的施用量。回答减少化肥施用量的 133 户农户中，认为是由于要保持土壤肥力的农户数最多，所占比例为 45.11%；其次是由于为减少环境污染的农户，占比约为 37.59%；还有 17.29% 的农户是因为化肥的价格偏高所致（见表 4 – 11）。

表 4 – 11　　　　　受访农户化肥施用量及变化原因统计情况

化肥施用量	比重（%）	增加原因	比重（%）	减少原因	比重（%）
减少	32.60	可以增产	32.84	化肥价格偏高	17.29
不变	34.56	土地肥力下降	57.46	减少环境污染	37.59
增加	32.84	受他人影响	9.70	保持土壤肥力	45.11
合计	100	合计	100	合计	100

资料来源：农户调查数据整理所得。

当问及农户在施用农药是否按照说明书上的配备比例进行操作时，其中严格按照说明书用量的农户数有306人，占比为75%；其次是比说明书多用量的农户数为84人，占比为20.59%，其平均超出说明书标准为29.45%；只有4.41%的农户数是比说明书标准少用量的，其平均比说明书少用量标准为19.50%（见表4-12），这说明，大部分受访农户是按照说明书标准施用农药的，但还有部分农户过量施用农药，在调查中发现，农户过量施用农药原因多是因为农作物病虫害过多，只有施用过量的或剧毒的农药才能够防病虫害，然而，农户为了提高和保持农作物产量往往过量施用化肥，但其后果又会增加农作物病虫害率，这种恶性循环导致的结果必然会增加食品安全隐患。

表4-12　　　　　　　受访农户农药施用量及变化原因统计情况

农药施用量	数量（人）	比重（%）	平均用量变化（%）
比说明书少用量	18	4.41	-19.50
按说明书用量	306	75.00	0
比说明书多用量	84	20.59	29.45
合计	408	100	—

资料来源：农户调查数据整理所得。

在农户的生物农药使用方面，使用过生物农药的农户为197人，占比约为48.28%；没有使用的农户为211人，占比为51.72%。当问及197户受访农户使用生物农药的主要原因时，约有40.10%的农户认为是由于政府无偿推广使用的，如发放生物农药赤眼蜂虫卵到玉米耕地里，可以消灭玉米螟病虫害等；约有34.01%的农户是因为生物农药防治效果较好；认为生物农药对环境无污染的农户所占比例为14.72%；认为生物农药对产量有提高的农户数占比为9.14%；还有2.03%的农户认为使用生物农药可以增加农产品质量，提高产品价格（见表4-13）。这说明，目前农户对生物农药的使用途径主要还是通过政府无偿的推广，以后应该多主体多途径的广泛宣传使用生物农药的作用和益处，增加农户使用生物农药的积极性。

表 4 - 13　　　　　受访农户生物农药施用主要原因统计情况

生物农药使用	数量（人）	比重（%）	农药施用主要原因	数量（人）	比重（%）
是	197	48.28	防治效果好	67	34.01
否	211	51.72	对环境无污染	29	14.72
—	—	—	政府无偿推广	79	40.10
—	—	—	产品产量提高	18	9.14
—	—	—	产品价格提高	4	2.03
合计	408	100	合计	197	100

资料来源：农户调查数据整理所得。

（二）农用地膜投入行为

在农用地膜投入行为方面，当问及农户是否觉得地膜对农业产量有作用时，在使用过地膜的 107 户农户中，表示作用较大的农户数最多，有 68 人，占比为 63.55%，其次是表示作用很大的农户数有 16 人，占比为 14.95%，认为作用一般的农户数有 13 人，占比为 12.15%，而认为作用较小和无作用的农户数分别为 8 人和 2 人，占比分别为 7.48% 和 1.87%，其中受访农户中使用地膜种植的主要农作物品种为设施农业（包括花卉、蔬菜等）、果园桃树、水稻育苗等（见表 4 - 14）。

表 4 - 14　　　　　农用地膜对农产品产量作用统计情况

地膜对产量作用	无作用	作用较小	作用一般	作用较大	作用很大
数量（人）	2	8	13	68	16
比重（%）	1.87	7.48	12.15	63.55	14.95

资料来源：农户调查数据整理所得。

（三）农户对无公害农产品认知和行为

当问及农户对无公害农产品是否了解时，调查显示，在 408 户受访农户中，受访农户表示一般了解的最多，占比为 37.99%，只听说过的农户占比为 37.01%，而表示没听说过的农户占比为 17.89%，只有 7.11% 的农户表示对无公害农产品很清楚。其中有 69 户从事无公害农产品生产，还有 339 户没有从事无公害农产品生产，分别占比为 16.91% 和 83.09%；在对 69 户从事无公害农产品生产的农户中，认为所出售的农产品价格高于一般农产品的农户占比为 42.03%，其农产品比一般农产品平均高出价格约为 29.37%；认为农产品价格与一般农产品差不多的农户占比为 57.97%（见表 4 – 15），这表明，即使有的农户从事无公害农产品生产，但与同类的一般农产品相比，其价格优势并没有体现出来，这无疑会挫伤农户进行无公害农产品生产的积极性。

表 4 – 15　　　受访农户对无公害农产品认知及行为统计情况

无公害农产品认知	比重（%）	是否从事	比重（%）	价格认知	比重（%）
很清楚	7.11	是	16.91	高于一般产品	42.03
一般了解	37.99	否	83.09	差不多	57.97
听说过	37.01	—	—	低于一般产品	0
没听说过	17.89	—	—	—	—
合计	100	合计	100	合计	100

资料来源：农户调查数据整理所得。

另外，当问及农户有哪些原因导致农产品质量安全问题时（受访农户对原因的选择为多选，故各种原因所占比例之和大于 1），其中回答最多的是病虫害难防治，不得不增加农药量，共计 121 个农户，占比为 29.66%，其次有 94 个农户认为生产成本高，占比为 23.04%，有 84 个农户认为没有统一施用化肥和农药标准，占比为 20.59%；认为是因为无相关技术指导的农户有 77 户，占比为 18.87%，还有 58 户农户认为是资金有困难，占比为 14.22%，最后有 32 个农户认为是由于农户环保意识不强而导致农产品质量安全问题的，占比为 7.8%。

三、农户新技术采用行为调查分析

调查表明，在农户对技术学习意愿方面，对愿意学习种养殖技术的农户最多，占比为 51.72%；其次非常愿意学习种养殖技术的农户占比为 30.64%，表示对种养殖技术学习一般的农户占比为 5.39%，表示比较愿意和不愿意学习种养殖技术的农户占比分别为1.23%和11.03%。在农户获取种养殖技术方面，认为对技术比较容易获取的农户最多，占比为39.17%，其次是表示容易获取的农户，占比为21.86%，再次是认为对技术获取一般的农户占比为20.34%，而表示无法获取技术和不太容易获取技术的农户数占比分别为7.26%和11.37%（见表4-16）。这表明，有近8成的农户表示愿意学习农业技术，有近6成的农户认为较容易获得农业技术。

表4-16　　　　　　受访农户学习技术意愿及难易程度统计情况

技术学习意愿	数量（人）	比重（%）	获得技术难易程度	数量（人）	比重（%）
不愿意	45	11.03	无法获得	30	7.26
比较愿意	5	1.23	不太容易	46	11.37
一般	22	5.39	一般	83	20.34
愿意	211	51.72	比较容易	160	39.17
非常愿意	125	30.64	容易获得	89	21.86
合计	408	100	合计	408	100

资料来源：农户调查数据整理所得。

当问及农户获取生产信息途径（多项选择）时，对于气候信息方面，农户获取该信息途径最多的是通过电视或广播，占比为96.08%；其次是通过网络获取，占比为15.20%；再次是通过手机短信获取，占比为14.95%，其他依次为亲朋好友、村委会、农业技术推广站、自学、商贩，占比分别为4.90%、4.41%、0.74%、0.49%和0.25%。对于市场信息方面，农户获取该信息途径最多的是通过商贩，占比为67.65%；其次是通过亲朋好友，占比为35.54%；再次是通过电视或广播获取，占比为16.67%；其他依次为自学、网络、农业技术推广站、村委会、手机短信和技术手册，占比分别为9.31%、9.07%、3.92%、2.70%、1.72%和1.47%。

对于种养殖技术方面，农户获取该信息途径最多的是通过自学，占比为39.71%；其次是通过亲朋好友，占比为26.23%；再次是通过商贩获取，占比为25.74%；其他依次为农资供应社、农业技术推广站、电视或广播、网络、村委会、技术手册和手机短信，占比分别为 17.89%、15.44%、14.95%、8.58%、6.86%、5.64% 和 1.72%。

对于政策信息方面，农户获取该信息途径最多的是通过村委会，占比为 70.83%；其次是通过电视或广播，占比为 34.31%；再次是通过亲朋好友，占比为 9.56%；其他依次为网络、农业技术推广站、自学、农资供应社、商贩、技术手册和手机短信，占比分别为 5.39%、3.43%、2.94%、1.72%、0.98%、0.49% 和 0.25%（见表 4 – 17）。

表 4 – 17　　　　　受访农户获取生产信息途径统计情况

生产信息获取途径	气候信息		市场信息		种养殖技术		政策信息	
	数量（人）	比重（%）	数量（人）	比重（%）	数量（人）	比重（%）	数量（人）	比重（%）
亲朋好友	20	4.90	145	35.54	107	26.23	39	9.56
电视或广播	392	96.08	68	16.67	61	14.95	140	34.31
农业技术推广站	3	0.74	16	3.92	63	15.44	14	3.43
村委会	18	4.41	11	2.70	28	6.86	289	70.83
农资供应社	0	0.00	62	15.20	73	17.89	7	1.72
商贩	1	0.25	276	67.65	105	25.74	4	0.98
自学	2	0.49	38	9.31	162	39.71	12	2.94
技术手册	0	0.00	6	1.47	23	5.64	2	0.49
网络	62	15.20	37	9.07	35	8.58	22	5.39
手机短信	61	14.95	7	1.72	7	1.72	1	0.25

资料来源：农户调查数据整理所得。

当问及农户在采用某项新技术或新品种时，最先考虑哪些因素（多项选择）时，调查显示，农户选择最多的因素为产量是否高产，占比为 68.87%；其次考虑的因素为是否品质好，占比为 44.36%；再次考虑的因素为产品价格是否有保障，占比为 29.17%；其他依次考虑的因素为气候条件是否适宜、销路是否有保障、是否抗病虫害、投入成本是否高和政府是否给予补贴，占比分别为 25.74%、22.06%、19.85%、15.69% 和 5.88%（见表 4 – 18）。

表4-18　　　　　　受访农户采用新技术考虑因素统计情况

新技术采用因素	数量（人）	比重（%）
气候条件适宜	105	25.74
是否高产	281	68.87
是否品质好	181	44.36
价格是否有保障	119	29.17
销路是否有保障	90	22.06
投入成本是否高	64	15.69
政府是否给予补贴	24	5.88
是否抗病虫害	81	19.85

资料来源：农户调查数据整理所得。

在农户获取信息能力变化方面，45.35%的农户表示有较大提高，15.46%的农户表示获取信息能力一般，表示有很大提高的农户占比为14.70%，13.42%的农户表示较小提高，还有11.07%的农户表示没有提高。在农户对农技推广站评价方面，50.98%的农户表示没有帮助，16.91%的农户表示有较大帮助，15.93%的农户表示帮助一般，表示有较小帮助和很大帮助的农户占比分别为9.80%和6.37%（见表4-19）。这表明有近6成的受访农户表示获得信息能力有较大提高，其中从表4-17中能够看出农户对种养殖技术和其他信息的获取主要是从自学、商贩、亲朋好友或电视广播获得的，农户表示农技推广站的帮助作用不明显，有待进一步提高和改善。

表4-19　　　　受访农户获取信息能力变化及对农技站评价统计情况

获取信息能力	数量（人）	比重（%）	农技推广站作用	数量（人）	比重（%）
没有提高	45	11.07	没有帮助	208	50.98
较小提高	55	13.42	较小帮助	40	9.80
一般	63	15.46	一般	65	15.93
较大提高	185	45.35	较大帮助	69	16.91
很大提高	60	14.70	很大帮助	26	6.37
合计	408	100	合计	408	100

资料来源：农户调查数据整理所得。

当问及农户政府技术部门为农户提供服务时，应采取哪些方式最好（多选排序）时，其中在农户第一选择途径中，农户选择方式比重最大的是通过现场生产指导，为56.62%；其次选择的方式为技术培训和讲座，占比为27.21%；再次为发放种植技术手册，占比为5.88%；其他依次是广播和电视讲座、其他方式和手机短信技术服务，占比分别为1.72%、1.72%和1.23%。

在农户第二选择途径中，农户选择方式比重最大的是通过技术培训和讲座，为37.75%；其次选择的方式为现场生产指导，占比为17.65%；再次为发放种植技术手册，占比为12.75%；其他依次是广播和电视讲座、手机短信技术服务和其他方式，占比分别为4.41%、2.21%和0.98%。

在农户第三选择途径中，农户选择方式比重最大的是发放种植技术手册，为22.55%；其次选择的方式为技术培训和讲座，占比为5.88%；再次为广播和电视讲座，占比为5.15%；其他依次是手机短信技术服务、现场生产指导和其他方式，占比分别为2.94%、2.94%和0.49%（见表4－20）。

表4－20　　　　　　　受访农户选择技术服务途径统计情况

技术服务途径	第一选择途径		第二选择途径		第三选择途径	
	数量（人）	比重（%）	数量（人）	比重（%）	数量（人）	比重（%）
技术培训和讲座	111	27.21	154	37.75	24	5.88
现场生产指导	231	56.62	72	17.65	12	2.94
发放种植技术手册	24	5.88	52	12.75	92	22.55
广播和电视讲座	7	1.72	18	4.41	21	5.15
手机短信技术服务	5	1.23	9	2.21	12	2.94
其他	7	1.72	4	0.98	2	0.49

资料来源：农户调查数据整理所得。

在征求农户对农业技术部门还有哪些方面改进（多项选择）时，统计显示，72.55%的农户选择应多田间技术指导，58.82%的农户选择应增加技术部门培训次数，41.67%的农户选择应多推介新品种，其他选择的依次是多发放技术手册、增加技术人员数量和提高工作效率，分别占受访农户总数的 33.82%、23.28% 和 18.14%（见表 4 - 21）。

表 4 - 21　　　　　　受访农户对农业技术部门建议统计情况

农业技术部门改进建议	数量（人）	比重（%）
增加技术培训次数	240	58.82
多田间技术指导	296	72.55
多发放技术手册	138	33.82
增加技术人员数量	95	23.28
多推介新品种	170	41.67
提高工作效率	74	18.14

资料来源：农户调查数据整理所得。

四、农户废弃物处置行为调查分析

（一）农户生活废弃物处理情况调查

调查表明，从农户对生活废弃物处置情况来看，在生活垃圾的处理方面，有专门垃圾堆放点处理的农户数最多，占比为 76.47%；其次是随意丢弃处理方式的农户，占比为 15.93%；5.39% 的农户采用填埋的方式处理生活垃圾，还有 2.21% 的受访农户采用焚烧的方式处理垃圾。在生活废水处理方面，选择专门下水道排放的农户数最多，占比为 39.46%；其次是排放到路边沟渠的农户数，占比为 29.90%，而采用直接排放生活用水的农户占比为 25.49%，选择其他方式的农户占比为 5.15%，其中包括排放到自家所打的脏水井里、收集后用于浇果树、直接排放到鱼池等。在厕所粪便处理方面，采用作农家肥处理方式的农户数最多，占比为 65.20%；其次是通过专门的下水道排放方式，占比为 18.63%；而还有 15.20% 的农户选用直接排放的方式，仅有 0.98% 的农户用于作沼气发酵（见表 4 - 22）。

表 4-22　　　　　　　　受访农户对生活垃圾废弃物处理情况统计

生活垃圾	比重（%）	生活废水	比重（%）	厕所粪便	比重（%）
随意丢弃	15.93	直接排放	25.49	直接排放	15.20
专门垃圾堆放点	76.47	排放路边沟渠	29.90	作农家肥	65.20
填埋	5.39	专门下水道	39.46	专门下水道	18.63
焚烧	2.21	其他	5.15	用作沼气发酵	0.98
合计	100	合计	100	合计	100

资料来源：农户调查数据整理所得。

当问及农户认为导致垃圾随意排放的主要原因（受访农户对原因的选择为多选，故各种原因所占比例之和大于 1）时，认为村民的环保意识不强所致的农户占比为 46.81%，认为基础设施落后、没有集中垃圾清理点和下水道的农户数占比为 36.52%，认为是因为没有好的监督和约束机制的农户数占比为 25.98%，选择其他原因的农户数占比为 8.83%，主要包括位置偏僻，离垃圾收集点太远，不方便、垃圾桶太少等。

（二）农户生产废弃物处理情况调查

从农户对生产废弃物处置情况来看，在秸秆处置方面，约有 14.71%的农户选择废弃或焚烧；48.28%的农户选择作生活燃料或饲料；23.28%的农户选择销售；13.73%的农户选择秸秆还田或制沼气。这表明，对于秸秆的处理仍以传统农业的处置方式为主。在所调查的养殖农户中，对畜禽粪便选择闲置丢弃处理方式的农户数占比为 29.46%，用作农家肥的农户数占比为 58.37%，还有 12.17%的农户作销售处理。根据实地调查情况，一般在春耕农忙季节，畜禽粪便用作上肥，闲置丢弃的较少，到了夏季，畜禽粪便收购的较少，闲置丢弃的较多，特别到了雨季，畜禽粪便往往对周围环境造成严重污染；在农药塑料包装及农膜处置方面，约有 32.84%的农户选择焚烧的处理方式；选择就地丢弃的农户占比为 29.90%；其他还有选择深埋、送垃圾回收站和卖废品的处理方式，占比分别为 13.24%、12.75%和 11.27%（见表 4-23）。

表 4 – 23　　　　　受访农户对生产废弃物处理情况统计

秸秆	比重（%）	畜禽粪便	比重（%）	农药塑料包装及农膜	比重（%）
废弃或焚烧	14.71	闲置丢弃	29.46	就地丢弃	29.90
生活燃料或饲料	48.28	作农家肥	58.37	卖废品	11.27
销售	23.28	销售	12.17	送垃圾回收站	12.75
秸秆还田或制沼气	13.73	—	—	焚烧	32.84
—	—	—	—	深埋	13.24
合计	100	合计	100	合计	100

资料来源：农户调查数据整理所得。

第四节　循环农业发展外部环境及现状评价

一、硬环境及农户评价

（一）农户对公共基础设施、农业水利和交通评价

从农户对公共基础设施评价情况来看，约有 46.81% 的农户对公共基础设施表示满意，表示比较满意的农户数占比为 20.59%，表示一般、不太满意和不满意的农户数占比分别为 13.73%、12.25% 和 6.62%；在农田水利设施方面，农户表示满意的占比为 39.71%，表示比较满意的农户数占比为 33.82%，表示一般、不太满意和不满意的农户数占比分别为 13.48%、9.07% 和 3.92%；在乡村交通方面，农户认为交通好的约占 52.16%，表示较好的约 38.29%，其他表示一般、较差和差的农户数占比分别为 6.08%、2.37% 和 1.10%（见表 4 – 24）。这表明较大多数农户对公共基础设施、农田水利设施以及乡村交通的评价表示比较满意。

表 4 – 24　　　　　受访农户对公共基础设施、水利及交通评价情况统计

公共基础设施满意度	比重（%）	农田水利设施满意度	比重（%）	乡村交通满意度	比重（%）
不满意	6.62	不满意	3.92	差	1.10
不太满意	12.25	不太满意	9.07	较差	2.37

公共基础设施满意度	比重（%）	农田水利设施满意度	比重（%）	乡村交通满意度	比重（%）
一般	13.73	一般	13.48	一般	6.08
比较满意	20.59	比较满意	33.82	较好	38.29
满意	46.81	满意	39.71	好	52.16
合计	100	合计	100	合计	100

资料来源：农户调查数据整理所得。

（二）农业生产用水情况调查

在农业生产用水方面，灌溉用地下水的农户数最多，共331户，占比为81.13%；其次用河水灌溉的农户数为45户，占比为11.03%；用自来水和自然雨水灌溉的农户均占比为3.92%（见表4-25）。这表明，农户目前主要的灌溉方式为地下水灌溉，如果过量使用地下水灌溉，则容易造成地下水位下降，面临严重缺水危机。

表4-25   农业生产用水情况统计

农业生产用水	数量（人）	比重（%）
地下水	331	81.13
河水	45	11.03
自来水	16	3.92
自然雨水	16	3.92
合计	408	100

资料来源：农户调查数据整理所得。

（三）大田灌溉方式及方便程度情况调查

在农户大田灌溉方式及方便程度方面，约有61.52%的农户用电力灌溉；还有29.66%的农户用其他方式灌溉，其中包括用柴油机灌溉、自家打井灌溉和不需要灌溉等；其他采用人力浇地、自流灌溉、喷灌及滴灌方式的农户占比分别为2.94%、2.70%、2.45%和0.74%；在需要灌溉的农户中约有49.34%的农户是需要交费的，从灌溉方便程度来看，约有

96.04%的农户认为灌溉方便（见表4－26）。

表4－26   大田灌溉方式及便利情况统计

大田灌溉方式	比重（%）	是否缴费	比重（%）	灌溉方便程度	比重（%）
电力灌溉	61.52	是	49.34	方便	96.04
人力浇地	2.94	否	50.66	不方便	3.96
自流灌溉	2.70	—	—	—	—
喷灌	2.45	—	—	—	—
滴灌	0.74	—	—	—	—
其他	29.66	—	—	—	—
合计	100	合计	100	合计	100

资料来源：农户调查数据整理所得。

（四）农户生活饮用水水质情况调查

在农户生活饮用水水质方面，认为饮用水水质好的农户数为154户，约占37.75%；表示比较好的农户占比为30.88%；其他表示一般、较差和差的农户数占比分别为17.65%、10.05%和3.68%（见表4－27）。这说明约有7成的农户数表示饮用水的水质较好。

表4－27   受访农户生活饮用水水质评价情况统计

饮用水水质	数量（人）	比重（%）
差	15	3.68
较差	41	10.05
一般	72	17.65
较好	126	30.88
好	154	37.75
合计	408	100

资料来源：农户调查数据整理所得。

二、软环境及农户评价

（一）农户所处村环境状况评价情况

从农户对周边村环境状况评价来看，在408户受访农户中，对村环境评价很好的农户占比为27.45%；对村环境评价较好的农户占比为37.50%；对村环境评价一般的农户占比为24.51%；对村环境评价较差的农户占比为7.60%；还有2.94%的农户对村环境评价为很差。这说明，从整体来讲，大多数农户对村周边环境的满意度较高，表示村周边环境状况较好。从近五年农户对所处环境的变化情况来看，认为村环境明显变好的农户占比高达43.38%；其次是认为有些变好和没有变化的农户，占比分别为37.01%和13.48%；另外有3.68%的农户认为村周围环境变化有些差，还有2.45%的农户认为村周围环境变得很差。这表明，80%以上的农户认为近五年村周围环境有变好的趋势（见表4-28），另外，在受访农户中，认为所在村有专门垃圾收集点的占比为85.78%，无专门垃圾收集点占比为14.22%。

表4-28   受访农户所处村环境及变化状况评价

村环境状况评价	数量（人）	比重（%）	村近五年环境变化	数量（人）	比重（%）
很好	112	27.45	明显变好	177	43.38
较好	153	37.50	有些变好	151	37.01
一般	100	24.51	没有变化	55	13.48
较差	31	7.60	有些差	15	3.68
很差	12	2.94	变得很差	10	2.45
合计	408	100	合计	408	100

资料来源：农户调查数据整理所得。

当问及农户村环境变好的原因时，受访农户认为：一是村委会带动，村干部管理得好；二是认为基础设施有改善，饮水设施得到改善，垃圾和污水集中处理，路况好，有了绿化和路灯；三是认为政府加大整顿和投资力度；四是认为村民的环保意识有所提高。当问及部分农户村环境变差的原因时，受访农户认为：一是村里养殖户太多，畜禽粪便无法及时处理；二是认为没有固定的垃圾收集点，缺少统一管理；三是存在化肥、农药污染，雾霾天气多；四是政策支持落实不到位，等等。

（二）农户对农业合作社与企业带动作用情况调查

从农户对农业合作社与周围企业带动作用来看，在入社的75户农户中，有 37.33% 的农户数表示农业合作社在统一生产资料、技术推广指导、产品加工、信贷担保等方面有较好的作用，约有 21.33% 的农户表示作用一般，其他表示没有作用、作用不明显和作用很好的农户数占比分别为 12.00%、12.00% 和 17.33%，这说明农业合作社对合作社人员的作用较为明显；在周围有涉农企业的 66 户农户中，表示企业对带动农户没有作用的农户数最多，占比为 34.85%，表示企业对带动农户有较好作用的农户数占比为 25.76%，其他表示作用不明显、一般和很好的农户数占比分别为 7.58%、18.18% 和 13.64%（见表 4 - 29），这说明农户周围的涉农企业带动农户的作用并不明显。

表 4 - 29　　　　　　　受访农户对农业合作社与企业带动作用评价情况统计

农业合作社评价	数量（人）	比重（%）	企业对农户带动作用评价	数量（人）	比重（%）
没有作用	9	12.00	没有作用	23	34.85
不明显	9	12.00	不明显	5	7.58
一般	16	21.33	一般	12	18.18
较好	28	37.33	较好	17	25.76
很好	13	17.33	很好	9	13.64
合计	75	100	合计	66	100

资料来源：农户调查数据整理所得。

（三）农户对政府主要职能情况调查

从农户对政府主要职能的评价情况来看，在 408 户受访农户中，表示对广播电视及通信服务有较好效果的农户数占比为 48.28%，其次表示效果很好的农户数占比约为 20.83%，其他表示效果一般、效果较小和没效果的农户数占比分别为 13.73%、9.31% 和 7.84%；在拓展产品销售渠道服务方面，约有 35.05% 的受访农户表示没有效果，约有 22.30% 的农户表示效果较小，表示效果一般的农户数占比约为 18.87%，其他表示效果较好和效果很好的农户数占比分别为 17.89% 和 5.88%；在标准化生产服务方面，约有 55.39% 的受访农户表示没有效果，约有 18.38% 的农户表示效果较小，表示效果一般的农户数占比约为15.44%，其他表示效果较好和效果很好的农户数占比分别为7.84%和2.94%；在信贷服务方面，约有29.41%的受访农户表示没有效果，约有24.51%的农户表示效果一般，表示效果较好和效果较小的农户数占比均约为19.61%，而表示效果很好的农户数占比仅为6.86%（见表4–30）。这表明，从总体来讲，政府主要职能中广播电视通信服务效果较好，而在拓展农产品销售渠道服务、标准化生产服务和信贷服务方面效果不太明显，政策实施力度不够，还有待进一步提高和完善。

表4–30　　　　　　受访农户对政府主要职能评价情况统计

广播电视通信服务	比重（%）	拓展产品销售渠道	比重（%）	标准化生产服务	比重（%）	信贷服务	比重（%）
没效果	7.84	没效果	35.05	没效果	55.39	没效果	29.41
效果较小	9.31	效果较小	22.30	效果较小	18.38	效果较小	19.61
一般	13.73	一般	18.87	一般	15.44	一般	24.51
较好	48.28	较好	17.89	较好	7.84	较好	19.61
很好	20.83	很好	5.88	很好	2.94	很好	6.86
合计	100	合计	100	合计	100	合计	100

资料来源：农户调查数据整理所得。

第五节　本章小结

本章主要对实地调查农户参与循环农业行为特征进行描述统计。总体来看，研究区户均人口为3.56人，户均劳动力为2.37人，户均外出打工人数为0.51人，平均务农年限为25.15年，户均土地面积为14.46亩，人均土地面积为3.99亩，受访农户中男性居多，且年龄在40~60岁的约占2/3，大多数具有初中文化程度，家庭平均年收入约为3.84万元，其中肖寨门镇农户平均年收入最高，约为5.71万元，受访农户对循环农业认知程度普遍较低。

实地调查中发现，在农户生产投入行为中，约 7 成的受访农户愿意多施用农家肥或有机肥，少施用化肥；在农户施用农药方面，约 2 成农户比说明书标准用量平均高 29.45% 的用量施用农药，这种行为会增加食品安全隐患；在施用生物农药方面，其主要使用途径是通过政府无偿推广；仅有近 4 成的农户对无公害农产品比较了解，农户对无公害、绿色和有机农产品的认识程度偏低；在农户获取气候信息途径最多的是通过电视或广播；农户获取种养殖技术信息途径最多的是通过自学；农户在采用某种新技术或新品种时，最先考虑的因素为是否高产，其次为是否品质好，最后为价格是否有保障；在政府技术部门向农户提供服务时，农户最愿意接受的方式为现场生产指导，其次为技术培训和讲座，最后为发放技术手册。在环保意识与相关行为方面，大多数农户对村周围环境的满意度较高；在农户生活废弃物处理方面，近 8 成的农户认为生活垃圾处理有专门垃圾堆放点；在生产废弃物处置方面，农户对秸秆处置有近一半用于生活燃料和饲料；农户对畜禽粪便处置有近 6 成农户用作农家肥，其次是闲置丢弃。在农户对农业合作社与周边企业带动作用评价中，农业合作社对合作社人员的作用较为明显，而周边涉农企业带动农户的作用并不明显。在农户对政府主要职能评价中，在农产品销售渠道拓展服务、标准化生产服务和信贷服务方面，大多数农户表示效果不太明显。

第五章

农户参与循环农业行为
及其影响因素分析

本章以研究区 408 户受访农户调研数据为基础，对农户参与循环农业的产前投入过程、产中生产过程、产后废弃物处理过程进行实证研究，以揭示农户参与循环农业行为特征，并运用计量模型分析农户参与循环农业生产过程中主要影响因素和作用机理。

第一节　产前农户有机肥投入选择意愿
及其影响因素分析

在实地调研中，根据 408 户受访农户调研数据，运用二元 Logistic 回归模型对农户有机肥投入选择意愿进行分析，以探求其主要影响机理和作用方式。

一、二元 Logistic 回归模型设定和变量选择

（一）变量选择与研究假设

本书根据农户行为理论和农户有机肥投入选择模型构建为基础，对影响农户有机肥投入选择意愿的自变量进行选取，分为户主个体特征、

农户家庭基本特征、农业经营情况及外部环境变量四组。

第一组为户主个体特征变量。从理论上说，户主个体特征如性别、年龄、受教育程度及务农年限等会对农户个性行为产生一定影响，不少学者会把个体特征作为影响农户行为的自变量之一，有研究表明农户个体特征会对农户土地投入行为的可持续发展有影响。一般而言，由于存在体力上的差异，有机肥的施用需要较多劳动力，而女性比男性对产品质量要求更高些，对于肥料的投入是否选择节约劳力型或产品质量型，还尚待进一步确定；年龄较大的农户对传统的有机肥实施有较多经验，但由于劳动力上的不足，对体积和重量较大的有机肥或农家肥使用是一种约束；受教育程度越高的农户，越能够接受新事物和新技术，对环境的保护意识相对较强，对环境友好型技术的投入所获得的好处就越了解；务农年限较长的农户，由于受传统农业习惯的影响，不太愿意接受环境友好型的农业技术投入，而务农年限较短的年轻农户，由于在体力和智力等方面的优势，更可能会选择施用有机肥（Nunez and Mcan，2008）。

第二组为农户家庭基本特征变量。该组变量主要包括农户兼业情况、人均耕地面积和家庭人均年收入。相对于化肥而言，有机肥由于自身特征（体积和重量大、养分含量低、运输和施用不方便），其投入使用需要更多的劳动力投入，而化肥的投入则需要更多的资金和技术的投入，对于兼业农户来说，非农劳动力人数越多，在某种程度上会挤用部分农业劳动力资源，农户会选择节约劳动力的农业投入行为方式，从而选择有机肥投入的可能性会降低；人均耕地面积相对于务农人数来说，反映一种劳动力资源紧缺的程度，人均耕地面积越大，相对于每个劳动力担负就越大，特别是在农忙时节选择有机肥投入的可能性就越小；农户家庭人均年收入在一定程度上反映农户人均资源占有量，对有机肥资金投入使用上是一种预算约束，一般而言，农户家庭人均年收入水平越高，越倾向于增加农业肥料的投入，但是否对有机肥投入增加还有待确定。

第三组为农业经营情况变量。该组变量主要包括农业种植结构、土地肥力特征、上年农产品价格、技术指导和农产品质量安全认知。农户种植结构包括以粮食作物为主或以经济作物为主。一般而言，农户种植经济作物如大棚蔬菜、大棚花卉和中草药等的收益要普遍高于种植粮食作物，农户为了改良土壤，提高经济作物产量，往往会倾向于选择有机肥投入；马骥（2006）、巩前文等（2008）、徐卫涛等（2012）研究表明土地肥力特征往往会对农户所投肥料行为有重要影响，一般来讲，土地肥力越好，农作物生长的土壤营养越全面，农户选择有机肥投入的可能性会越小；通过第三章农户有机肥投入选择模型构建可以看出，上年农产品价格的波动往往会影响农户有机肥投入行为，上年农产品价格上升，农户为增加产量和收益，往往会倾向于增加有机肥的投入，反之亦然；如果农户接受新技术的培训指导，例如，对测土施肥技术、肥料新品种或有机肥施肥技术的学习，能够促使农户采用科学的施肥手段，但能否对有机肥投入选择行为产生影响应视具体情况进行分析；一般来讲，农户对农产品质量安全认知程度越高，就会越倾向于采用环境友好型的农业生产投入，增加有机肥的投入施用量（刘梅等，2009）。

第四组为外部环境变量。该组包括环境关注程度、距离县城距离和地理区位，有研究表明农户对环境的关注程度越高，其环保意识越强，就越倾向于增加有机肥的投入（崔新蕾等，2011）。距县城距离代表农户的区位条件，钟太洋等（2011）研究表明距离县城越远的农户选择使用有机肥的概率会更高。地理区位往往代表区域农户有机肥投入选择的区域差异，研究中样本乡镇共5个，以城郊乡为参照组，因此，有其他4个乡镇的0~1型虚拟变量。

（二）二元 Logistic 回归模型设定

调查问卷所涉及农户有机肥投入选择行为为二分类选择变量，即为投入和不投入两类，分别用1、0值表示，为此本书选择二分类选择 Logistic 模型（binary choice model）对因变量进行回归分析，Logistic 回归模型用于研究经济学中行为主体的选择过程的一种计量经济模型。其模型分析的出发点是因果关系，即一个行为或者一个选择结果的出现一定是由于许多因素共同作用而造成的。其模型具体形式为：

$$\text{Logit}(p_i) = \ln \frac{p_i}{1 - p_i} = \beta_0 + \beta_1 x_{i1} + \beta_2 x_{i2} + \cdots + \beta_k x_{ik}$$

$$= \beta_0 + \sum_{j=1}^{k} \beta_j x_{ij} \qquad (5-1)$$

由式（5-1）变形整理，得到 Logistic 模型为：

$$p_i = P(y_i = 1/x_i) = \frac{\exp\left(\beta_0 + \sum_{j=1}^{k} \beta_j x_{ij}\right)}{1 + \exp\left(\beta_0 + \sum_{j=1}^{k} \beta_j x_{ij}\right)} \qquad (5-2)$$

其中，y_i 是农户有机肥投入选择行为意愿取值为 0 或 1 的随机因变量；x_{ij} 是自变量，表示农户有机肥选择行为的第 j 种影响因素；i 表示受访农户（个体）的编号；k 表示影响因素个数；β_0 为常数项，β_1，β_2，$\cdots$，β_j 分别为对应自变量 x_{ij} 的回归系数。

Logistic 模型的检验从两个方面进行评价。一是模型似然比卡方检验，即检验模型中所有预测变量的回归系数是否都为零，换言之，它描述模型中包含的自变量是否解释了因变量的部分变异；STATA 输出 LR chi2 的取值越大，模型的拟合程度越好，反之亦然。二是统计量伪判定系数 R^2（pseude R^2），评价模型中自变量对因变量变异的解释能力，以此来判断模型效果的统计量，取值越大，效果就越大，反之亦然（杨菊花，2012）。模型中选取自变量和因变量的具体定义与说明见表 5-1。

表 5-1　　　　　　　　　　　模型中变量定义与说明

变量名	定义及说明	均值	标准差
因变量			
是否愿意（Y）	农户是否愿意增加有机肥，少用化肥：愿意 =1；不愿意 =0	0.706	0.456

变量名	定义及说明	均值	标准差
自变量			
户主性别（X1）	女性 = 1；男性 = 0	0.110	0.314
户主务农年限（X2）	户主从事农业劳动年限（年）	25.199	12.644
户主受教育程度（X3）	小学及以下 = 1；初中 = 2；高中 = 3；大专及以上 = 4	1.885	0.700
农户兼业情况（X4）	农户兼营农业生产和非农业活动情况：兼业 = 1；不兼业 = 0	0.368	0.483
人均耕地面积（X5）	以农户家庭人口计人均耕地面积（亩）	7.367	13.171
家庭人均年收入（X6）	农户家庭人均年收入（千元）	11.386	12.050
种植结构（X7）	以经济作物为主 = 1；以粮食作物为主 = 0	1.270	0.444
土地肥力特征（X8）	差地 = 1；中等地 = 2；好地 = 3	2.132	0.788
上年农产品价格（X9）	价格下降 = 1；价格不变 = 2；价格上升 = 3	2.223	0.800
技术指导（X10）	农户接受新技术指导情况：容易获得 = 1；不容易获得 = 0	0.610	0.488
农产品质量安全认知（X11）	化肥对农产品质量是否有影响：有影响 = 1；无影响 = 0	0.728	0.446
环境关注程度（X12）	对目前环境状况关注程度：关注 = 1；不关注 = 0	0.674	0.469
距县城距离（X13）	本村距县城距离（公里）	14.379	9.023
地理区位（X14）	城郊乡地区 = 1；六间房镇地区 = 2；养士堡镇地区 = 3；冷子堡镇地区 = 4；肖寨门镇地区 = 5	2.968	1.429

资料来源：农户调查数据整理所得。

二、数据来源与样本特征描述

（一）受访农户基本特征描述

1. 户主基本特征

一般情况下，农户家庭中户主的年龄、受教育程度、社会实践经验等代表着劳动力素质，并对家庭决策选择起着至关重要的作用（周洁红、姜励卿，2007）。调查显示，从性别来看，男性户主比例为89%，女性比例为11%，男性户主比重远高于女性，这基本符合我国传统农村生活情况；从年龄分布来看，年龄在40～50岁的受访农户数最多，占总数的33.09%，其次是50～60岁的受访农户占总数的30.64%，30岁以下、30～40岁以及60岁以上的农户数占比分别为1.72%、15.69%和18.87%；从受教育程度来看，受访农户中具有初中文化程度的最多，占调查农户的61.52%，其次是具有小学及以下文化程度的农户占比为26.96%，具有高中和大专及以上的农户占比分别为7.60%和3.92%，以上分析反映出我国农村劳动力老龄化较为严重，农户劳动力文化素质普遍不高的现实。

2. 农户家庭人口情况

受访农户家庭人口平均3.56人，其中3口居家的农户数最多，占受访农户总数的32.84%，家庭农户人口数在2～4人占比约为76.23%，2人以下和4人及以上农户数占比分别为1.47%和22.30%。

3. 人均耕地面积

受访地区农户人均经营耕地面积为2.98亩，最少的为0.2亩，最多的为120亩，其中受访农户人均拥有耕地面积在2～7亩为最多，约有204户，占受访农户总数的50%，人均耕地面积小于2亩和7亩及以上的受访农户占比分别为25.49%和24.51%。

4. 家庭外出打工情况

受访农户中家庭外出打工的有150户，占受访农户总数的36.76%，其中外出打工人数为1人的农户数最多，为105户，约占打工总户数的70%，约占受访农户总数的25.74%，2人及以上的分别约占打工总户数的24.67%和5.33%。

5. 家庭收入情况

受访农户家庭年收入最少的仅为0.14万元，最多的为20.31万元，平均为3.88万元。从收入分布来看，在0.5万～4.5万元的家庭年收入农户数最多，占受访农户总数的55.15%，其次是家庭年收入在4.5万～8.5万元占22.06%，家庭年收入在0.5万元及以下和8.5万元及以上的农户分别占 12.01% 和 10.78%；家庭人均年收入平均为 1.14 万元，其中在 0.2 万~1.2 万元的家庭人均年收入农户最多，占受访农户总数的 51.23%，其次是家庭人均年收入在 1.2 万~2.2 万元占 19.36%，家庭人均年收入在 0.2 万元及以下和 2.2 万元及以上的农户分别占 15.44% 和 13.97%（见表 5-2）。农户家庭收入中农业收入平均为 2.51 万元，占比为 64.77%，非农业收入平均为 1.27 万元，占比为 32.71%，农业综合补贴收入平均为 0.10 万元，占比为 2.51%，由此可见，农业收入为受访农户家庭主要经济来源。

表 5-2　　　　　　　　　　受访农户基本特征描述

项目		户	比重（%）	项目		户	比重（%）
性别	男	363	88.97	家庭人口数	2 人以下	6	1.47
	女	45	11.03		2~4 人	311	76.23
年龄	30 岁以下	7	1.72		4 人及以上	91	22.30
	30~40 岁	64	15.69	务农年限	15 年以下	78	19.12
	40~50 岁	135	33.09		15~30 年	147	36.03
	50~60 岁	125	30.64		30~45 年	149	36.52
	60 岁及以上	77	18.87		45 年及以上	34	8.33
受教育程度	小学及以下	110	26.96	农户兼业情况	兼业农户	150	36.76
	初中	251	61.52		无兼业农户	258	63.24
	高中	31	7.60	家庭人均年收入	0.2 万元以下	63	15.44
	大专及以上	16	3.92		0.2 万~1.2 万元	209	51.23
家庭年收入	0.5 万元以下	49	12.01		1.2 万~2.2 万元	79	19.36
	0.5 万~4.5 万元	225	55.15		2.2 万元及以上	57	13.97
	4.5 万~8.5 万元	90	22.06	人均耕地面积	小于 2 亩	104	25.49
	8.5 万元及以上	44	10.78		2~7 亩	204	50.00
					7 亩及以上	100	24.51

资料来源：农户调查数据整理所得。

（二）农户有机肥投入行为相关描述性分析

在调查的 408 份有效问卷中，对"是否愿意在生产中多用农家肥或有机肥，少用化肥"的问题，回答愿意的受访农户占比为 70.59%，回答不愿意的受访农户占比为 29.41%，并把农户有机肥投入意愿作为因变量。

三、实证结果分析

在对以上受访农户特征及相关农户有机肥投入行为统计分析后，在模型中设定因变量和自变量的基础上，为了实证理论假说，运用 Logistic 回归模型进行分析。

（一）自变量中多重共线性检验

首先在进行 Logistic 回归分析之前，要进行自变量的多重共线性的检验，多重共线性指在自变量之间存在线性相关关系，即检验每一个自变量是否可以用其他一个或几个自变量的线性表达式进行表示。例如，在表 5-3 中，把地理区位作为因变量，把其他的 13 个变量作为自变量进行线性回归，若存在"严重多重共线性"，则会导致总体参数不可识别，无法定义最小二乘估计量，其处理办法是删除对因变量解释较小的、并导致严重共线性的变量，或者对模型进行进一步修正。检验自变量之间是否存在多重共线性的主要统计量是方差膨胀因子（VIF）和容忍度（Tolerance），方差膨胀因子为容忍度的倒数，其值越小，自变量之间越不存在多重共线性，一般认为，当 VIF > 10 时，可认为自变量之间存在多重共线性；某一自变量的容忍度是指 1 减去以该自变量为因变量，模型中其他自变量为自变量所得到的线性回归模型的决定系数，取值范围为 [0，1]，显然，容忍度越小，多重共线性越严重，一般认为，当 Tolerance < 0.1 时，存在严重的多重共线性[①]。表 5-3 显示，各自变量的方差膨胀因子（VIF）按照从大到小的顺序排序，VIF 平均值为 1.34，Tolerance > 0.1，显然，自变量之间不存在多重共线性，无须替换和删除变量，所选取的自变量全部保留并纳入模型进行回归。

---

① 张文彤、邝春伟：《SPSS 统计分析高级教程》，高等教育出版社 2013 年版。

自变量	共线性统计量	
	方差膨胀因子（VIF）	容忍度（Tolerance）
地理区位（X14）	2.49	0.40
距县城距离（X13）	2.17	0.46
家庭人均年收入（X6）	1.31	0.76
人均耕地面积（X5）	1.26	0.79
上年农产品价格（X9）	1.24	0.81
种植结构（X7）	1.21	0.82
户主受教育程度（X3）	1.18	0.85
技术指导（X10）	1.17	0.86
农户兼业情况（X4）	1.16	0.86
环境关注程度（X12）	1.14	0.88
户主务农年限（X2）	1.10	0.91
户主性别（X1）	1.08	0.93
土地肥力特征（X8）	1.07	0.94
农产品质量安全意识（X11）	1.05	0.95

资料来源：农户调查数据计算所得。

（二）模型计量结果与讨论

本书运用 Stata12.0 软件对 408 户受访农户数据进行 Logistic 模型回归处理，模型估计结果见表 5 - 4，模型的似然比检验卡方值为 160.05，伪判定系数 R^2 为 0.612，并在 1% 的水平上达到显著，说明模型总体上能较好地用于分析农户有机肥投入选择意愿的影响因素，且多数自变量回归系数通过了显著性检验，对因变量解释力较强。作为对比，表 5 - 4 中同时也列出 OLS 回归方法的估计结果，其估计出来的几个关键变量系数符号及显著性与 Logistic 模型的估计结果基本一致。

为进一步做更有意义的定量分析，表 5 - 4 还分别列出各自变量的平均边际效应，它表示自变量变化一单位时对因变量事件发生（农户愿意选择有机肥投入行为）概率的影响程度。具体结果分析如下：

表 5 – 4　　　　　农户有机肥投入选择意愿 Logistic 模型估计结果

自变量	OLS 模型		Logistic 模型		变量边际效应	
户主性别（X1）	0.079	(1.14)	0.431	(1.05)	0.072	(1.05)
户主务农年限（X2）	− 0.001	(− 0.21)	− 0.003	(− 0.27)	− 0.001	(− 0.27)
户主受教育程度（X3）	0.005	(0.14)	0.012	(0.06)	0.002	(0.06)
农户兼业情况（X4）	− 0.038	(− 0.81)	− 0.239	(− 0.87)	− 0.040	(− 0.87)
人均耕地面积（X5）	− 0.001	(− 0.26)	− 0.002	(− 0.21)	− 0.001	(− 0.21)
家庭人均年收入（X6）	0.004 *	(1.85)	0.026 *	(1.88)	0.004 *	(1.90)
种植结构（X7）	0.175 ***	(3.35)	1.153 ***	(3.29)	0.193 ***	(3.43)
土地肥力特征（X8）	0.048 *	(1.75)	0.274 *	(1.68)	0.046 *	(1.70)
上年农产品价格（X9）	0.046 **	(2.14)	1.016 **	(2.08)	0.062 **	(2.12)
技术指导（X10）	− 0.078 *	(− 1.68)	− 0.471 *	(− 1.72)	− 0.079 *	(− 1.75)
农产品质量安全认知（X11）	0.281 ***	(5.85)	1.475 ***	(5.47)	0.247 ***	(6.34)
环境关注程度（X12）	0.017	(0.34)	0.109	(0.39)	0.018	(0.39)
距县城距离（X13）	− 0.010 ***	(− 2.71)	− 0.048 **	(− 2.37)	− 0.008 **	(− 2.43)
六间房镇（X14 – 2）	0.111	(1.57)	0.576	(1.49)	0.111	(1.51)
养士堡镇（X14 – 3）	0.192 ***	(2.68)	1.024 **	(2.47)	0.188 **	(2.52)
冷子堡镇（X14 – 4）	0.366 ***	(3.85)	2.003 ***	(3.58)	0.313 ***	(3.94)
肖寨门镇（X14 – 5）	0.107	(1.12)	0.468	(0.87)	0.092	(0.88)
常数项	0.093	(0.54)	− 2.545 **	(− 2.48)	—	
adj. R^2/Pseudo R^2	0.190		0.612 ***		—	
F 值/似然比检验卡方值	5.58		160.05		—	

注：* 、** 、*** 分别表示 10%、5% 和 1% 的显著性水平，OLS 模型括号内为 t 统计值，其他括号内为 z 统计值。

资料来源：根据农户调查数据计算所得。

1. 农户个体特征的影响

从模型计量回归结果显示，户主性别和受教育程度的回归系数符号为正，这说明与男性相比，女性更倾向于选择有机肥投入，可能的原因是与男性户主相比，女性户主会更关注于农产品质量的提高；受教育程度越高的农户，越倾向于选择有机肥的投入。户主务农年限与农户有机肥投入意愿呈负相关，一般来说，务农年限较少，户主年龄较年轻，容易接受外界新事物和新技术，就越倾向于采用更环保的有机肥投入，但是代表农户个体特征的性别、务农年限和受教育程度的回归系数检验均不显著。

2. 农户家庭基本特征的影响

从回归结果显示，农户兼业情况的回归系数为负，说明与非兼业农户相比，兼业农户倾向于有机肥投入行为的可能性更低，与预期一致，但并不显著，可能的原因是家庭中兼业人员一般是在农闲时外出打工，在农忙时节，如在春耕季节，会返乡补充家庭劳动力的不足；人均耕地面积的回归系数为负，说明人均耕地面积越多的农户，倾向于有机肥投入的可能性越低，但检验并不显著，可能的原因是在调查区发现，近六成的农户家庭平均人均耕地面积在1~5亩，户均土地规模较小，且差异性较小导致这一结果；家庭人均年收入对农户有机肥投入意愿有显著正相关，且在10%水平上显著，说明家庭人均年收入水平越高，农户就越倾向于选择有机肥投入，具体而言，农户家庭人均年收入平均每增加1000元，农户选择有机肥投入的概率就会增加0.4个百分点，或者说，在其他情况保持不变的情况下，农户家庭人均年收入每增加1000元，发生比变化1.004倍，即发生比提高0.4%。

3. 农业经营情况的影响

从表5-4回归结果显示，农业种植结构变量系数为正，且在1%水平上显著，这说明与以种植粮食作物为主的农户相比，以种植经济作物为主的农户更倾向于选择有机肥投入。从边际效应估计值来看，以种植经济作物为主的农户施用有机肥的概率比以种植粮食作物为主的农户平均高达19.3个百分点，换句话说，在其他条件不变的情况下，以种植经济作物为主的农户选择有机肥投入意愿的发生比为以种植粮食作物为主的农户的1.191倍［exp（β$_i$）即OR值，表示自变量Xi每变化一个单位，事件发生概率与不发生概率的比值是变化前的相应比值的倍数，即发生比］，即以种植经济作物的农户选择有机肥投入意愿的发生比提高19.1%，调查显示，受访农户中以种植粮食作物为主的比例为73.04%，以种植经济作物为主的比例占26.96%；土地肥力特征对农户选择有机肥投入意愿有显著正向影响，且达到了10%的显著性水平。这说明土地肥力特征越差的农户，为了追求短期利益，越倾向于选择肥效快的化肥投入，而施用有机肥投入的可能性就越小。具体来讲，土地肥力较好的农户选择有机肥投入的可能性比土地肥力较差的农户高出 4.6 个百分点。

上年农产品价格这一变量的系数为正，这说明上年农产品价格越高，农户倾向于实施有机肥的可能性就越大，且在 5% 的水平上显著，根据变量边际效应估计值，上年农产品价格较高的农户选择有机肥投入的概率比上年农产品价格较低的农户高 6.2%，具体来说，在其他条件保持不变的情况下，上年农产品价格较高的农户与上年农产品价格较低的农户的调整发生比为 1.047；技术指导这个变量的系数符号为负并与预期不一致，且在 10% 的水平上显著，说明给定其他变量的情况下，对于新技术指导越容易获取的农户倾向于选择有机肥投入的可能性反而越低，出现这种结果的可能原因一是目前农户接受技术指导仅在采购生产资料、种养殖基本技术层面和化肥施用技术等方面有作用，对农户实施有机肥技术上基本没有帮助；二是由于调研信息的局限性，仅用农户是否容易接受新技术指导来表征农户是否接受施肥技术指导，可能有失代表性，其回归系数为负号尚待进一步研究。

农产品质量安全认知对农户选择有机肥投入意愿有非常显著的正向影响，且达到了 1% 的显著水平，这说明对农产品质量安全认知程度越高的农户其选择有机肥投入的可能性越大，从边际效应估计值来看，认为化肥对农产品质量有影响的农户选择有机肥投入的概率比认为化肥对农产品质量无影响的农户高达 24.7%，换句话说，在其他条件不变的情况下，发生比变化 1.324 倍，即发生比提高 32.4%；环境关注程度变量的系数符号为正，说明农户对环境关注程度越高，为改良土壤结构，培肥地力，其选择有机肥投入的可能性就越高，但系数检验不显著。

4. 外部环境的影响

从模型估计结果显示，距县城距离对农户选择有机肥投入意愿有非常显著的影响，这说明距离县城越远的农户选择有机肥投入的可能性越低，这一结果与已有研究结果不一致（钟太洋等，2011）。具体而言，在该距离处于平均水平（14.38 公里）时，村距离县城距离每增加 1 公里，农户选择有机肥投入的可能性会减少0.8个百分点，换句话说，在其他条件不变的情况下，距离每增加1公里，发生比变化0.990倍，即发生比降低1%。这可能是因为在农家肥资源有限情况下，距离县城越远的农户，购买商品有机肥时，由于距离较远，其施用有机肥或农家肥的成本要高于施用化肥，农户更可能会采用劳力节约型的化肥来进行替代；在地理区位虚拟变量中，相较于城郊乡来说，在其他条件不变的情况下，冷子堡镇和养士堡镇的农户更倾向于施用有机肥投入。调查显示，养士堡镇是商品果蔬之乡，冷子堡镇的农业以种植业和果蔬为主，其施用有机肥的农户比重普遍高于城郊乡地区，这一点体现了明显的区域差异性。

第二节　产中农户循环农业技术采用行为及其影响因素分析

在实地调研中，根据受访农户408户调研数据，运用 Probit 回归模型对农户循环农业技术采用行为进行分析，以探求其主要影响机理和作用方式。

一、Probit 回归模型设定和变量选择

（一）变量选择及研究假设

本书根据农户行为相关文献，将农户循环农业技术采用行为的影响因素分为户主个体特征、农户家庭基本特征、对循环农业工程认知情况、生产状况及外部环境四组，并提出如下假说：

第一组为户主个体特征变量。从理论来讲，农户采用循环农业技术行为受户主个体特征差异的影响。已有研究表明，农户家庭决策行为受户主的年龄、受教育程度、社会实践经验等因素影响（周洁红等，2007；李崇光等，2009；邢美华等，2009）。具体来说，青年户主由于在体力、

反应灵敏度及操作精度等方面的优势，会比老年户主更愿意采用循环农业技术，务农年限短的户主比务农年限长的户主更愿意采用循环农业技术。同样，受教育程度越高的户主，越容易接受新事物和新技术，越倾向于采用循环农业技术（徐卫涛等，2010）。

第二组为农户家庭基本特征变量。该组变量包括农户兼业情况、人均耕地面积和家庭人均年收入。一般来讲，农户兼业情况在某种程度上反映家庭务农劳动力的紧缺程度，农户兼业程度越高，从事农业经营活动的机会成本就越高，农户采用循环农业技术的可能性会越低。对于人均耕地面积，该变量在一定程度上反映了人均秸秆资源拥有量，农户是否采用免耕技术受土地生产经营规模的影响，土地经营规模越大，就越倾向于采用该技术（Benli et al.，2003）。具体来讲，农户家庭人均耕地面积越大，秸秆数量就越多，秸秆综合利用程度就越高（徐卫涛等，2010）。家庭人均年收入在一定程度上反映农户家庭人均拥有资源量，可表示农户采用循环农业技术面临的预算约束，一般来说，农户家庭人均年收入水平越高，就越可能倾向于采用循环农业技术。

第三组为农户对循环农业认知变量。一般来说，农户是否采用循环农业技术会经过认知、情感和意志三个过程，这与心理活动密切相关。认知过程包括农户对资源浪费、环境污染等危害性的认知和直觉阶段，并经过情感过程的沉淀后形成心理意愿。具体而言，农户对循环农业认知程度越高，对环境污染的危害性认知越深刻，就越倾向于采用循环农业技术。

第四组为生产状况和外部环境变量。该组变量包括环境关注程度、技术指导、信息获取能力、公共基础设施、信贷支持及地理区位。研究表明，户主年龄越大、受教育程度越高以及家庭非农收入所占比重越高，农户的环境保护关注程度就越高（邢美华等，2009；Ma et al.，2009）。因此，农户对环境关注度越高，环保意识就越强，就越倾向于采用循环农业技术。技术指导因素一方面与秸秆综合利用不同的技术层次需求有关，另一方面与农户自身能力和资金要求有关（钱忠好等，2010）。一般来讲，农户越容易获得新技术指导，就越倾向于秸秆等农业废弃物的综合利用，进而更愿意采用循环农业技术。农户信息获取能力包括对政策信息、农业生产信息、市场信息及社会资源等信息获得，作为"理性人"的农户，信息获取能力会对农户是否采用循环农业技术行为有重要影响，具体来讲，农户获取信息能力越强，就越倾向于做出合乎理性的决策，农户就越倾向于采用循环农业技术。

农户是否采用循环农业技术会随其外部环境的不同而有所差异，如农户对本地基础设施建设满意度、信贷支持以及地理区位。研究表明，农户对当地公共基础设施满意程度较高，在一定程度上能够反映交通、电力、水利及通信等条件较好，到周边集镇或县城较为方便等特征（徐卫涛等，2010），这对循环农业建设具有积极促进作用。农户获取信贷支持的程度越高，就越可能放松农户所面临的资金预算约束，增加对循环农业的资金投入，进而提高农户采用循环农业技术的可能性。具体来讲，农户对公共基础设施满意度越高，获得信贷支持程度越高，就越倾向于采用循环农业技术。另外，地理区位中样本乡镇共 5 个，作为虚拟变量，以城郊乡为参照组，因此，有其他四个乡镇的 0~1 型变量。

(二) 模型设定

调查问卷所涉及农户采用循环农业技术为二分类选择变量，即为采用或不采用两类，分别用 1、0 值表示，为此本书选取二分类选择 Probit 模型（binary choice model）对因变量进行回归分析，模型具体形式为：

$$P_i = \Phi(Y_i) = \frac{1}{\sqrt{2\pi}} \int_{-\infty}^{Y_i} \exp\left(-\frac{1}{2}u_i^2\right) du_i \qquad (5-3)$$

$$Y_i = \beta_0 + \sum_{j=1}^{n} \beta_j x_{ij} \qquad (5-4)$$

其中，式（5-3）为 Probit 模型，P_i 表示第 i 个农户采用循环农业技术时发生的概率，$\Phi(\cdot)$ 表示标准正态分布的累计分布函数，Y_i 为 0~1 型离散因变量，表示农户是否采用循环农业技术（1 代表"是"；0 代表"否"）；式（5-4）中 x_{ij} 为自变量构成的向量，即农户采用循环农业技术的诸多影响因素，β_0 为常数项，β_j 为对应自变量 x_{ij} 的回归系数。

Probit 模型的检验从两个方面进行评价。一是模型似然比卡方检验，即检验模型中所有预测变量的回归系数是否都为零，换言之，它描述模型中包含的自变量是否解释了因变量的部分变异；Stata 输出 LR chi2 的取值越大，模型的拟合程度越好，反之亦然；二是统计量伪判定系数 R^2(pseudo R^2)，评价模型中自变量对因变量变异的解释能力，以此来判断模型效果的统计量，取值越大，效果就越大，反之亦然（杨菊花，2012）。模型中选取自变量和因变量的具体定义与说明见表 5 – 5。

表 5 – 5　　　　　　　　　　模型中变量定义与说明

变量名	定义及说明	均值	标准差
因变量			
是否采用（Y）	农户是否采用循环农业技术：采用 = 1；不采用 = 0	0.137	0.345
自变量			
户主务农年限（X1）	户主从事农业劳动年限（年）	25.199	12.644
户主受教育程度（X2）	小学及以下 = 1；初中 = 2；高中 = 3；大专及以上 = 4	1.885	0.700
农户兼业情况（X3）	农户兼营农业生产和非农业活动情况：兼业 = 1；不兼业 = 0	0.368	0.483
人均耕地面积（X4）	以农户家庭人口计人均耕地面积（亩）	7.367	13.171
家庭人均年收入（X5）	农户家庭人均年收入（千元）	11.386	12.050
循环农业认知程度（X6）	农户对循环农业认知情况：了解 = 1；不了解 = 0	0.238	0.426
环境关注程度（X7）	对目前环境状况关注程度：关注 = 1；不关注 = 0	0.674	0.469
技术指导（X8）	农户接受新技术指导情况：容易获得 = 1；不容易获得 = 0	0.610	0.488
信息获取能力（X9）	农户获取信息能力提高程度：提高 = 1；没提高 = 0	0.600	0.490
公共基础设施（X10）	农户对本地公共基础设施评价：满意 = 1；不满意 = 0	0.674	0.469
信贷支持（X11）	农户获取信贷及难易程度：容易信贷 = 2；不容易信贷 = 1；不知道 = 0	1.039	0.741
地理区位（X12）	城郊乡地区 = 1；六间房镇地区 = 2；养士堡镇地区 = 3；冷子堡镇地区 = 4；肖寨门镇地区 = 5	2.968	1.429

资料来源：根据农户调查数据计算所得。

二、样本特征描述

对于调查农户基本情况描述，前面已经阐述，不再赘述。目前，对于农户采用循环农业技术行为状况，其秸秆还田或发展沼气是减少农业资源浪费和面源污染的有效途径，也是农户参与循环农业行为重要组成部分，因此，本书将农户是否参与"秸秆还田或制沼气"作为农户采用循环农业技术的评判标准。根据调查数据显示，在受访农户中，采用秸秆还田技术或制沼气的农户共有 56 户，仅占受访农户总数的 13.73%。可见，农户对循环农业工程的参与程度较低，为此，有必要对影响农户采用循环农业技术因素做进一步分析研究。

三、模型计量及结果分析

以上在对受访农户特征描述以后，在模型中设定因变量和自变量基础上，运用 Probit 回归模型进行回归分析。

（一）自变量中多重共线性检验

首先在进行 Probit 回归分析之前，要进行自变量的多重共线性的检验，关于多重共线性检验说明前面已做出阐述，在这里不再赘述。表 5-6 显示，各自变量的方差膨胀因子（VIF）按照从大到小的顺序排序，VIF 平均值为 1.19，Tolerance > 0.1，显然，自变量之间不存在多重共线性，无须整合和删除变量，所选取的自变量全部保留并纳入模型进行回归。

表 5-6 自变量间的多重共线性检验

自变量	共线性统计量	
	方差膨胀因子（VIF）	容忍度（Tolerance）
家庭人均年收入（X5）	1.29	0.77
环境关注程度（X7）	1.28	0.78

自变量	共线性统计量	
	方差膨胀因子（VIF）	容忍度（Tolerance）
户主受教育程度（X2）	1.22	0.82
信贷支持（X11）	1.22	0.82
公共基础设施（X10）	1.21	0.83
技术指导（X8）	1.20	0.84
地理区位（X12）	1.19	0.84
信息获取能力（X9）	1.19	0.84
人均耕地面积（X4）	1.18	0.85
循环农业认知程度（X6）	1.15	0.87
户主兼业情况（X3）	1.11	0.90
户主务农年限（X1）	1.08	0.93

资料来源：农户调查数据计算所得。

（二）模型计量结果与讨论

本书运用 Stata 12.0 软件对 408 户受访农户数据进行 Probit 模型回归处理，模型估计结果见表 5-7，模型的似然比检验卡方值为 229.07，并在 1% 的水平上达到显著，说明模型总体上能较好地用于分析农户采用循环农业技术的影响因素，且多数自变量回归系数通过了显著性检验，对因变量解释力较强。作为对比，表 5-7 中同时也列出 OLS 回归方法估计结果，其估计出来的几个关键变量系数符号及显著性与 Probit 模型的估计结果基本一致。

为进一步做更有意义的定量分析，表 5-7 还列出各自变量的平均边际效应，它表示自变量变化一单位时对因变量事件发生（农户采用循环农业技术）概率的影响程度。具体结果分析如下：

1. 户主务农年限对农户采用循环农业技术有较显著的负向影响

模型分析结果显示，在 10% 的显著水平上，给定其他变量，户主务农年限越长，采用循环农业技术的可能性就越低；户主务农年限越短，采用循环农业技术的积极性就越高。根据其边际效应估计值，户主务农年限平均每增加 1 年，农户采用循环农业技术的概率就减少 0.2 个百分点。一般来说，户主务农年限长，其年龄相对也较大，在体力和智力等方面不如年轻户主，并且由于长期从事农业生产，其生产行为习惯于延续传统农业生产方式，并维持生活现状；而年轻户主除了从事农业生产以满足家庭基本生活需求外，更愿意接受新事物和新技术，更加注重农业废弃物资源的综合利用。

2. 户主受教育程度对农户采用循环农业技术有非常显著的正向影响

回归结果显示，在1%的显著水平上，其他变量不变情况下，户主文化程度越高，就越倾向于采用循环农业技术。具体而言，具有较高文化程度的户主采用循环农业技术的概率比具有较低文化程度的户主平均高出4.5个百分点。一般来说，户主文化程度越高，自身素质要求就越高，对环境保护意识就越强，也就越倾向于采用循环农业技术。

3. 人均耕地面积对农户采用循环农业技术有非常显著的正向影响

分析结果显示，农户家庭人均耕地面积越大，秸秆数量相对就越多，农户越倾向于采用循环农业技术，且达到了1%的显著性水平。具体来说，农户家庭人均耕地面积每平均增加1亩，农户采用循环农业技术的可能性会增加0.5个百分点。这一结果说明，人均耕地面积越大，其土地规模经营越大，秸秆资源数量越多，可利用的秸秆等农业废弃物价值就越大，其采用循环农业技术的可能性就越大，反之亦然。

4. 家庭人均年收入对农户采用循环农业技术有非常显著的正向影响

回归结果显示，家庭人均年收入水平越高，农户就越倾向于采用循环农业技术，并达到了1%的显著性水平。具体而言，农户家庭人均年收入平均每增加1000元，农户采用循环农业技术的概率就会增加0.3个百分点。这表明，给定其他变量，农户家庭人均年收入水平越高，农户对秸秆的综合利用程度就越高，就越倾向于采用循环农业技术。家庭人均年收入在某种程度上代表着农户家庭拥有资源量，而秸秆还田或制沼气都需要资金和技术投入，若农户在家庭经营决策时面临较强预算约束时，农户也会因缺乏足够资金而无法充分利用秸秆资源。因此，家庭人均年收入的增加将会加大农户采用循环农业技术的可能性。

5. 循环农业认知程度对农户采用循环农业技术具有非常显著的正向影响

结果显示，该变量在模型中非常显著，达到了1%的显著性水平，表明农户对循环农业认知程度越高，其采用循环农业技术的积极性就越大。从边际效应估计值来看，对循环农业"了解"的农户采用循环农业技术的概率比"不了解"的农户平均高11.3个百分点。调查统计显示，受访农户对循环农业表示"了解"的占比仅为23.77%，"不了解"的占比为76.23%。可见，农户对循环农业认知程度还比较弱，这会进一步阻碍农户采用循环农业技术。

6. 环境关注程度对农户采用循环农业技术有较显著的正向影响

由模型结果可知，对环境关注程度越高的农户，其环境保护意识越强，就越倾向于采用循环农业技术，且达到了10%的显著性水平。具体来讲，对目前环境状况"关注"的农户采用循环农业技术的可能性比"不关注"环境状况的农户高出6.5个百分点。据调查显示，受访农户对本村环境状况表示"关注"的占比为67.40%，"不关注"的占比为32.60%。这表明，农户对目前环境状况关注度越高，就越倾向于采用循环农业技术。

7. 技术指导对农户采用循环农业技术具有非常显著的正向影响

在1%的显著性水平上，给定其他变量的情况下，对于新技术指导容易获得的农户更倾向于采用循环农业技术。具体来说，"容易获取"新技术指导的农户采用循环农业技术的概率比"不容易获取"新技术指导的农户高14.5个百分点。在所调查地区，当被问及"在农业生产和生活过程中是否容易获得新技术指导"时，受访农户认为"容易获得"的占比为61.03%，认为"不容易获得"的占比为38.97%，由此可见，农户越容易获得新技术指导，其就越倾向于采用循环农业技术。

8. 信息获取能力对农户采用循环农业技术有显著的正向影响

回归结果显示，获取信息能力程度越高的农户就越倾向于采用循环农业技术，且达到了5%的显著性水平。对获取信息能力"有提高"的农户采用循环农业技术的可能性比对获取信息能力"没提高"的农户高6.1个百分点。调查统计表明，在研究区受访农户认为信息获取能力"有提高"的占比为60.05%，认为"没提高"的占比为39.95%。这说明农户获取信息能力越强，就越倾向于采用循环农业技术。

9. 信贷支持对农户采用循环农业技术具有非常显著的正向影响

从模型估计结果来看，获取信贷支持越容易的农户就越倾向于采用循环农业技术，且达到了 1% 的显著性水平。依据变量边际效应估计值，能够获取"信贷支持"的农户采用循环农业技术的可能性比没有获取"信贷支持"的农户高出 6.0 个百分点。调查发现，当受访农户被问及"获取贷款难易程度"时，表示"容易信贷"的农户占比为 29.41%，表示"不容易信贷"的农户占比为 45.10%，还有 25.49% 的农户表示"不知道"，而后两者的受访农户数量超过 70%，可见目前农户获得贷款的难度较大。从农户行为理论来看，大多农户行为决策依据是家庭利润最大化，当农户面临较强的预算约束时，信贷支持往往可作为重要的外部资源，对农户积极采用循环农业技术有时会起到决定性作用。

表 5-7　　　　农户采用循环农业技术影响因素的模型估计结果

自变量	OLS 模型		Probit 模型		变量边际效应	
户主务农年限（X1）	-0.001	（-0.55）	-0.024 *	（-1.75）	-0.002 *	（-1.80）
户主受教育程度（X2）	0.091 ***	（4.59）	0.694 ***	（3.27）	0.045 ***	（3.60）
农户兼业情况（X3）	-0.011	（-0.40）	-0.021	（-0.06）	-0.001	（-0.06）
人均耕地面积（X4）	0.008 ***	（7.92）	0.069 ***	（4.88）	0.005 ***	（6.13）
家庭人均年收入（X5）	0.008 ***	（6.57）	0.046 ***	（3.65）	0.003 ***	（4.10）
循环农业认知程度（X6）	0.217 ***	（6.94）	1.730 ***	（5.08）	0.113 ***	（6.63）
环境关注程度（X7）	0.011	（0.35）	0.998 *	（1.71）	0.065 *	（1.74）
技术指导（X8）	0.030	（1.07）	2.211 ***	（3.23）	0.145 ***	（3.52）
信息获取能力（X9）	0.027	（0.97）	0.933 **	（2.07）	0.061 **	（2.16）
公共基础设施（X10）	0.007	（0.23）	0.196	（0.48）	0.013	（0.48）
信贷支持（X11）	0.043 **	（2.32）	0.915 ***	（3.33）	0.060 ***	（3.65）
六间房镇（X12-2）	-0.060	（-1.50）	0.030	（0.06）	0.002	（0.06）
养士堡镇（X12-3）	-0.088 **	（-2.18）	-0.715	（-1.32）	-0.045	（-1.34）
冷子堡镇（X12-4）	-0.009	（-0.23）	-0.271	（-0.54）	-0.018	（-0.55）
肖寨门镇（X12-5）	-0.073 *	（-1.72）	-0.294	（-0.58）	-0.020	（-0.58）
常数项	-0.263 ***	（-4.51）	-8.919 ***	（-5.93）	—	
Adj. R^2/Pseudo R^2	0.470		0.702		—	
F 值/似然比检验卡方值	25.29		229.07			

注：*、**、*** 分别表示 10%、5% 和 1% 的显著性水平，OLS 模型括号内为 t 统计值，其他括号内为 z 统计值。

资料来源：根据农户调查数据计算所得。

第三节　产后农户农作物秸秆处置行为
及其影响因素分析

在实地调研中，根据受访 408 户农户的调研数据，运用多元 Logistic 回归模型对农户秸秆处置方式进行分析，以探求其主要影响因素和作用机理。

一、多元 Logistic 回归模型设定和变量选择

（一）变量选择与研究假设

本书参考以下农户行为理论相关文献，将影响农户对秸秆处置行为因素分为户主个体特征、农户家庭基本特征、生产状况和外部环境三组。

第一组为户主个体特征变量。从理论来说，由于户主在个体特征上的差异，农户对秸秆处置方式会有所差异。已有研究表明，农户对农业废弃物的处置方式受性别、年龄、受教育程度等影响（邢美华等，2009；黄武等，2012）。一般来讲，女性比男性对产品质量要求更高些，但对于秸秆处置方式是否会采用节约劳力型或综合高效利用型的处置方式，还待进一步探讨；青年户主在体力和智力等方面优于老年户主，在从事农业生产以满足家庭基本生活需要外，更愿意使秸秆资源高效利用；受教育程度越高的户主，越容易接受新事物和新技术，越倾向于选择秸秆综合利用（朱启荣，2008）。

第二组为家庭特征变量。该组变量主要包括家庭成员外出打工人数、人均耕地面积和家庭人均年收入。家庭成员外出打工人数在某种程度上反映了家庭务农劳动力的紧缺程度，一般来说，家庭外出打工人数越多，家庭务农劳动力人数越少，从事农业经营活动的机会成本越高，农户就越会选择节约劳动力的秸秆处置方式。对于人均耕地面积，该变量在一

定程度上反映了人均秸秆资源拥有量，农户是否采用免耕技术受土地生产经营规模的影响，土地经营规模越大，就越倾向于采用该技术（Benli et al.，2003）。具体来讲，农户家庭人均耕地面积越大，秸秆数量越多，秸秆高效利用程度就越高（徐卫涛等，2010）。家庭人均年收入在某种程度上反映农户家庭人均拥有资源量，可表示农户对秸秆处置行为时面临的预算约束（黄武等，2012）。一般来讲，农户家庭人均年收入水平越高，则越倾向于秸秆资源化利用。

第三组为生产状况和外部环境变量。该组变量包括环境关注程度、技术指导、信息获取能力、公共基础设施、村距县城距离及地理区位。一般来说，农户选择秸秆处置方式会经过认知过程、情感过程和意志过程，农户的选择意愿通常与心理活动密切联系（朱启荣，2008）。研究表明，户主年龄越大、受教育程度越高以及家庭非农收入所占比重越高，农户的环境保护关注程度就越高（Ma et al.，2009）。而国内学者研究发现农户对环境保护认知程度与农户个体特征有关（邢美华等，2009）。因此，农户对环境的关注度越高，环保意识越强，就越倾向于秸秆综合利用处置方式。技术指导因素对农户秸秆处置行为的影响一方面与秸秆综合利用不同的技术层次需求有关，另一方面与农户自身能力和资金要求有关，一般来讲，农户越容易获得新技术指导，就越倾向于秸秆综合高效利用（钱忠好等，2010）。农户信息获取能力主要包括对政策信息、农业生产信息、市场信息及社会资源等信息的获取，作为"理性人"的农户，信息获取能力会对农户秸秆处置行为有影响，具体来讲，农户获取信息能力越强，就越倾向于做出合乎理性的决策，农户处置秸秆方式越倾向于资源化利用。

农户对秸秆的处置方式会随其外部环境的不同而有所差异，如农户对公共基础设施满意度、村距县城距离以及地理区位。研究表明，村距离县城较近和现代交通运输设施较发达的地区，农户家庭收入水平较高，在经济学中的收入效应和替代效应作用下，秸秆作为一种劣质的燃料资源商品逐渐被其他商品所替代，再加上处理秸秆费时费力，工序较多，因此，秸秆废弃和焚烧的现象较为严重（李振宇等，2002）。具体来讲，农户对公共基础设施满意度越高，农户处置秸秆方式选择越倾向于秸秆综合利用；村距离县城较近的地区，由于受家庭收入水平和劳动力机会成本较高的影响，农户处置秸秆方式会倾向于废弃或焚烧。另外，地理区位中样本乡镇共 5 个，以城郊乡为参照组，因此，有其他四个乡镇的 0~1 型虚拟变量。

（二）模型设定

调查问卷所涉及农户秸秆处置方式为多分类选择变量，即为废弃或焚烧、作生活燃料或饲料、销售、秸秆还田或制沼气四类，分别用 1、2、3、4 值表示。对于多分类因变量可采用多元选择模型，多元选择模型一般包括多分类 Logistic 模型和多分类 Probit 模型，前者为逻辑分布累积分布函数，后者为标准正态累积分布函数，两者都为非线性单调转换，区别在于它们的尺度不同，Probit 模型更适用于因变量出现选择性偏倚而部分无法观察的情况（谢宇，2010；陈强，2013）。考虑到概率分布和密度函数的简洁性，Logistic 模型中对数发生比率比在解释形式上的便利性，因此本书选择多分类 Logistic 模型作为秸秆处置方式分析模型，具体模型形式为：

$$P(y_i = j \mid x_i) = \begin{cases} \dfrac{1}{1 + \sum_{k=2}^{J} \exp(x_i'\beta_k)}, & j = 1 \\[4mm] \dfrac{\exp(x_i'\beta_j)}{1 + \sum_{k=2}^{J} \exp(x_i'\beta_k)}, & j = 2, \cdots, J \end{cases} \tag{5-5}$$

其中，y_i 为因变量，表示农户对秸秆处置方式；$P(y_i = j \mid x_i)$ 为农户个体 i 选择秸秆处置方式 j 的概率；x_i 为自变量向量，即秸秆处置方式的诸多影响因素。i 表示观察对象（农户个体）的编号，β_j 表示待估参数向量。

若以对数发生比（Log-odds ratio）来解释，则为：

$$\ln\left[\frac{P(y_i = j)}{P(y_i = J)}\right] = x_i'\beta_j \tag{5-6}$$

其中，假定因变量有 $J = 4$ 种类别，即为农户处置秸秆的四类方式，$\ln\left[\dfrac{P\left(y_i = j\right)}{P\left(y_i = J\right)}\right]$ 表示某秸秆处置方式类别 j 与参照组 J 的发生比的自然对数形式，并估计它与自变量之间的线性回归关系。模型要对每个秸秆处置方式类别与参照类别的发生比进行参数估计，因此，要同时估计出 $j - 1$ 个模型。各自变量的参数估计值 β 可进行指数转化为 $Exp\left(\beta\right)$，表示在控制其他因素情况下，某自变量的单位变化对某一类别相对参照组的发生比的影响。当 $Exp(\beta) > 1$ 时，表示当自变量增加时，因变量相对于参照组发生的概率增加；当 $Exp(\beta) < 1$ 时，表示当自变量增加时，因变量相对于参照组发生的概率减小；当 $Exp(\beta) = 1$ 时，表示自变量的变化对因变量没有影响。

Logistic 模型的检验从两个方面进行评价。一是模型似然比卡方检验，即检验模型中所有预测变量的回归系数是否都为零，换言之，它描述模型中包含的自变量是否解释了因变量的部分变异；STATA 输出 LR chi2 的取值越大，模型的拟合程度越好，反之亦然。二是统计量伪判定系数 R^2（pseude R^2），评价模型中自变量对因变量变异的解释能力，以此来判断模型效果的统计量，取值越大，效果就越大，反之亦然（杨菊花，2012）。模型中选取自变量和因变量的具体定义与说明见表 5 - 8。

表 5 - 8   模型中变量的定义与说明

变量名	定义与说明	均值	标准差
因变量			
秸秆处置方式（Y）	废弃或焚烧 = 1；作生活燃料或饲料 = 2；销售 = 3；秸秆还田或制沼气 = 4	2.360	0.895
自变量			
户主性别（X1）	女性 = 1；男性 = 0	0.110	0.314
户主年龄（X2）	户主年龄（岁）	49.909	10.273
户主受教育程度（X3）	小学及以下 = 1；初中 = 2；高中 = 3；大专及以上 = 4	1.885	0.700
外出打工人数（X4）	农户家庭成员外出打工人数（个）	0.500	0.752

变量名	定义与说明	均值	标准差
人均耕地面积（X5）	以农户家庭人口计人均耕地面积（亩）	7.367	13.171
家庭人均年收入（X6）	农户家庭人均年收入（千元）	11.386	12.050
环境关注程度（X7）	对目前环境状况关注程度：关注 = 1；不关注 = 0	0.674	0.469
技术指导（X8）	农户接受新技术指导情况：容易获得 = 1；不容易获得 = 0	0.610	0.488
信息获取能力（X9）	农户获取信息能力提高程度：提高 = 1；没提高 = 0	0.600	0.490
公共基础设施（X10）	农户对本地公共基础设施评价：满意 = 1；不满意 = 0	0.674	0.469
村距县城距离（X11）	农户所在村与县城之间距离（公里）	14.379	9.023
地理区位（X12）	城郊乡地区 = 1；六间房镇地区 = 2；养士堡镇地区 = 3；冷子堡镇地区 = 4；肖寨门镇地区 = 5	2.968	1.429

资料来源：根据农户调查数据计算所得。

二、样本特征描述

对于调查农户基本情况描述，前面已经阐述，这里不再赘述，在实地调研地区，当地农户对秸秆有多种处置方式，调查显示，从农户对秸秆主要处置方式选择来看，约有 14.71% 农户选择废弃或焚烧，48.28% 农户选择作生活燃料或饲料，23.28% 农户选择销售，13.73% 农户选择秸秆还田或制沼气，并把秸秆处置方式作为因变量。

三、模型计量及结果分析

以上在对受访农户特征描述以后，在模型中设定因变量和自变量基础上，运用多分类 Logistic 回归模型对农户秸秆处置行为进行回归分析。

（一）自变量中多重共线性检验

在进行多分类 Logistic 回归分析之前，要进行自变量的多重共线性的检验，关于多重共线性检验说明前面已经阐述，这里不再赘述，表5－9显示，各自变量的方差膨胀因子（VIF）按照从大到小的顺序排序，最大值为2.35，最小值为1.06，其平均值为1.34，且 Tolerance ＞0.1，显然，自变量之间不存在多重共线性，所选取的自变量全部保留并纳入模型进行回归。

表5－9　　　　　　　　自变量间的多重共线性检验

自变量	共线性统计量	
	方差膨胀因子（VIF）	容忍度（Tolerance）
地理区位（X12）	2.35	0.43
村距县城距离（X11）	2.10	0.48
环境关注程度（X7）	1.23	0.81
家庭人均年收入（X6）	1.22	0.82
公共基础设施（X10）	1.21	0.82
户主受教育程度（X3）	1.21	0.83
技术指导（X8）	1.18	0.84
人均耕地面积（X5）	1.16	0.86
信息获取能力（X9）	1.14	0.88
外出打工人数（X4）	1.13	0.89
户主年龄（X2）	1.12	0.89
户主性别（X1）	1.06	0.94

资料来源：根据农户调查数据计算所得。

（二）模型计量结果与讨论

本书针对农户处置秸秆行为建立多项 Logistic 模型，模型估计结果见表5－10，从模型总体拟合优度看，模型的似然比检验卡方值为361.80，并在1%的水平上显著，说明模型总体上对数据拟合效果较好。从自变量来看，多数变量的发生比率通过了显著性检验，并且自变量对因变量的影响也基本验证了前面的理论假设，具体结果如下：

1. 性别对户主秸秆处置方式有显著影响

相对于男性户主来说，在1%的显著水平上，给定其他变量情况下，女性户主更愿意选择"作生活燃料或饲料"与"销售"的秸秆处置方式，男性农户更可能会选择"废弃或焚烧"的秸秆处置方式。

2. 受教育程度对户主秸秆处置方式有较显著的影响

回归结果显示，在1%和10%的显著水平上，其他变量不变情况下，户主的文化程度越高，就越愿意选择"秸秆还田或制沼气"与"作生活燃料或饲料"的秸秆处置方式，而文化程度越低的户主更可能选择"废弃或焚烧"的秸秆处置方式。

3. 外出打工人数对农户处置秸秆方式选择有显著影响

在1%和5%的显著水平上，控制其他变量因素情况下，家庭外出打工人数越多，农户最倾向于选择"销售"与"作生活燃料或饲料"以及"秸秆还田或制沼气"的秸秆处置方式，家庭外出打工人数较少的农户更可能选择"废弃或焚烧"的秸秆处置方式。这一结果表明，从理论上讲，家庭外出打工人数在某种程度上反映了农户从事农业经营活动劳动力机会成本，外出打工人数越多，农户较倾向于选择节约劳动力秸秆处置方式。但是，一方面，随着外出打工人员数量的增加，家庭农户可支配的收入资源量增多，农户会增加秸秆资源的利用数量，对秸秆的综合利用会投入更多的资本和技术；另一方面，由于农户经营活动存在家庭内部分工，从事外出打工和农业活动并非同一家庭成员，在收入效应和替代效应共同作用下，外出打工人数越多的农户会倾向于选择秸秆综合利用的处置方式，这可能是该变量与前面的研究假设不相符合的主要原因。

4. 人均耕地面积对农户处置秸秆行为方式有显著影响

从分析结果可以看出，农户家庭人均耕地面积越大，秸秆数量越多，农户就越倾向于选择"秸秆还田或制沼气"与"销售"的秸秆处置方式，且均达到了1%的显著性水平，而人均耕地面积越小，农户越倾向于选择"废弃或焚烧"的秸秆处置方式。这一结果说明，人均耕地面积越大，其土地规模经营越大，可利用秸秆数量越多，则秸秆资源进一步综合利用的可能性就越大。人均耕地面积越小，秸秆数量越少，越不利于秸秆处理的机械化作业，从而提高秸秆处置的成本投入，使农户处置秸秆的预期收益小于预期成本，农户废弃或焚烧秸秆的可能性就越大。

5. 家庭人均年收入对农户秸秆处置方式有显著影响

家庭人均年收入水平越高，农户就越倾向于选择"秸秆还田或制沼气"的秸秆处置方式，且达到了1%的显著性水平，家庭人均年收入水平越低的农户，更可能选择"作生活燃料或饲料"与"销售"的秸秆处置方式。这表明在其他变量不变情况下，农户家庭人均年收入越高，则对秸秆资源化利用程度越高，而废弃或焚烧的可能性就越小。家庭人均年收入代表着农户家庭拥有资源量，若农户在家庭经营决策时面临较强预算约束时，即使秸秆资源存在潜在利用价值，农户也因缺乏足够资金支持而无法充分利用。因此，家庭人均年收入的提高将会增加秸秆资源综合利用数量。

6. 环境关注程度对农户处置秸秆方式选择有显著影响

模型结果显示，农户对目前环境状况表示越关注，就越倾向于选择"销售"与"作生活燃料或饲料"的秸秆处置方式，且达到了1%的显著性水平，对目前环境表示不关注的农户更可能会选择"废弃或焚烧"的秸秆处置方式。调查统计显示，受访农户对本村环境状况表示"关注"的占比为67.40%，"不关注"的占比为32.60%。可见，农户对目前环境关注度越高，就越倾向于选择秸秆综合利用处置方式。

7. 技术指导对农户处置秸秆行为方式有显著影响

对于新技术指导容易获得的农户更倾向于选择"秸秆还田或制沼气"和"销售"的秸秆处置方式，且分别达到了1%的显著性水平，而对于不容易获得新技术指导的农户更有可能选择"废弃或焚烧"的秸秆处置方式。从调查情况来看，当受访农户被问及"在农业生产和生活过程中是否容易获得新技术指导"时，受访农户认为"容易获得"的占比为61.03%，认为"不容易获得"的占比为38.97%，由此可见，越容易获得新技术指导的农户，对秸秆的综合利用越具有正向影响。

8. 信息获取能力对农户处置秸秆方式选择有显著影响

在10%的显著性水平上，给定其他变量，农户获取信息能力程度越高，就越倾向于选择"秸秆还田或制沼气"与"销售"的秸秆处置方式，而获取信息能力越低的农户，更可能选择传统的"作生活燃料或饲料"与"废弃或焚烧"的秸秆处置方式。调查显示，在研究区受访农户认为信息获取能力"有提高"的占比为60.05%，认为"没有提高"的占比为39.95%。这说明农户获取信息能力越强，对秸秆的综合利用越具有正向影响。

9. 受访农户对当地公共基础设施的满意度对农户秸秆处置方式有显著影响

模型结果显示，农户对本地公共基础设施满意度越高，农户就越倾向于选择"秸秆还田或制沼气""销售""作生活燃料或饲料"的秸秆处置方式。农户对当地公共基础设施满意度较高，在某种程度上反映出当地交通、水利、电力及通信等条件较好，交通运输便利，到县城或集镇较为方便等特征。调查显示，受访农户对当地公共设施条件表示"满意"的占比为67.40%，"不满意"的占比为32.60%。公共基础设施的便利性能有效降低秸秆收集和运输成本，并使农户更容易获得新技术及市场信息，这会进一步提高农户综合利用秸秆的积极性。

10. 村距县城距离对农户处置秸秆方式选择具有显著影响

结果显示，在1%和5%的显著性水平上，受访农户所在村距离县城越远，农户就越倾向于选择"作生活燃料或饲料"与"销售"的秸秆处置方式，所在村距离县城越近，农户更可能会选择"废弃或焚烧"的秸秆处置方式。这一结果表明，当农户所在村距离县城较远时，人们的经济生活水平还不高，传统的耕作方式使秸秆常用作生活燃料或饲料，很少被废弃或焚烧浪费掉。而相对于距离县城较近的地区，由于农户经济水平和劳动力机会成本相对较高，同时作为生活燃料的替代品价格不断降低，农户更可能会选择"废弃或焚烧"的秸秆处置方式。

11. 养士堡镇选择处置秸秆行为的方式

在地区虚拟变量中，相较于城郊乡来说，其他变量不变情况下，养士堡镇的受访农户更倾向于选择"销售""作生活燃料或饲料"与"秸秆还田或制沼气"的秸秆处置方式（见表 5－10），且分别达到了 1%、5% 和 10% 的显著性水平。这表明，该地区受访农户处置秸秆行为方式显著异于参照组（城郊乡），这可能与该地区的地理位置、经济发展水平以及外部环境状况等特征有关。

表 5－10　　　农作物秸秆处置方式的多项 Logistic 模型估计结果

自变量	(4)/(1) $Exp(\beta)$	(3)/(1) $Exp(\beta)$	(2)/(1) $Exp(\beta)$	(4)/(2) $Exp(\beta)$	(3)/(2) $Exp(\beta)$	(4)/(3) $Exp(\beta)$
户主性别（X1）	3.234 (1.04)	9.946*** (2.62)	8.316*** (2.67)	0.389 (−1.12)	1.196 (0.41)	0.325 (−1.38)
户主年龄（X2）	0.985 (−0.53)	0.983 (−0.72)	0.986 (−0.70)	0.999 (−0.04)	0.997 (−0.18)	1.002 (0.07)
户主受教育程度（X3）	3.579*** (2.67)	1.863 (1.46)	2.279** (2.09)	1.571 (1.47)	0.818 (−0.92)	1.921** (2.17)
外出打工人数（X4）	2.492** (2.14)	2.747*** (3.02)	2.592*** (3.23)	0.961 (−0.12)	1.060 (0.30)	0.907 (−0.30)
人均耕地面积（X5）	1.299*** (3.96)	1.186*** (2.67)	1.134** (2.02)	1.146*** (5.27)	1.046** (2.25)	1.095*** (4.28)
家庭人均年收入（X6）	1.124*** (3.49)	1.032 (1.06)	0.962 (−1.33)	1.168*** (6.51)	1.073*** (4.14)	1.089*** (4.04)
环境关注程度（X7）	2.293 (1.33)	5.916*** (3.51)	3.663*** (3.08)	0.626 (−0.92)	1.615 (1.35)	0.388* (−1.83)
技术指导（X8）	52.697*** (3.55)	4.810*** (3.01)	1.971 (1.48)	26.737*** (3.16)	2.440*** (2.82)	10.956** (2.31)
信息获取能力（X9）	3.628* (1.92)	2.264* (1.69)	1.100 (0.23)	3.298** (2.15)	2.059** (2.38)	1.602 (0.85)
公共基础设施（X10）	18.156*** (3.97)	17.797*** (5.16)	13.911*** (5.40)	1.305 (0.44)	1.279 (0.69)	1.020 (0.03)
村距县城距离（X11）	1.036 (0.72)	1.091** (2.42)	1.093*** (2.78)	0.948 (−1.28)	0.999 (−0.06)	0.950 (−1.28)
六间房镇（X12－2）	1.355 (0.30)	1.243 (0.30)	0.460 (−1.38)	2.945 (1.22)	2.701* (1.83)	1.090 (0.10)
养士堡镇（X12－3）	6.212* (1.70)	17.461*** (3.15)	6.912** (2.43)	0.899 (−0.14)	2.526* (1.79)	0.356 (−1.29)

自变量	(4)/(1) $Exp(\beta)$	(3)/(1) $Exp(\beta)$	(2)/(1) $Exp(\beta)$	(4)/(2) $Exp(\beta)$	(3)/(2) $Exp(\beta)$	(4)/(3) $Exp(\beta)$
冷子堡镇（X12-4）	7.345 (1.51)	3.777 (1.27)	1.779 (0.64)	4.128 (1.34)	2.123 (1.14)	1.945 (0.63)
肖寨门镇（X12-5）	1.399 (0.28)	1.903 (0.66)	0.655 (-0.50)	2.136 (0.79)	2.906 (1.59)	0.735 (-0.32)
Pseudo R^2	0.356					
似然比检验卡方值	361.80***					

注："（1）"表示"废弃或焚烧"；"（2）"表示"作生活燃料或饲料"；"（3）"表示"销售"；"（4）"表示"秸秆还田或制沼气"；"（4）/（1）$Exp(\beta)$"表示"秸秆还田或制沼气"类别相对参照组"废弃或焚烧"的发生比率，其他类同；*、**、***分别表示10%、5%和1%的显著性水平，括号内为 z 统计值。

资料来源：根据农户调查数据计算所得。

第四节　本章小结

本章主要对农户参与循环农业产前、产中和产后的行为及其影响因素进行分析，并得出计量结果进行讨论。

首先，通过研究农户有机肥投入选择意愿及其影响因素，得出以下结论：一是本章在基于农户行为经济学理论的基础上，构建了农户有机肥投入行为模型分析框架，由于农户受个体和家庭特征、农业经营情况及外部环境影响，在追求利润最大化的过程中，农户对有机肥投入选择意愿呈现出差异。二是在实证分析基础上，通过 Logistic 回归模型对农户有机肥投入选择意愿的影响因素进行分析，结果表明，不同影响因素对农户有机肥投入选择意愿的作用方向、影响程度和显著性水平均表现不同。其中家庭人均收入、种植结构、土地肥力特征、上年农产品价格和农产品质量安全认知对农户有机肥投入选择意愿具有显著正向影响，按其显著性水平及影响程度排序为：地理区位、农产品质量安全认知、种植结构、上年农产品价格、土地肥力特征、家庭人均年收入；技术指导和距县城距离对农户有机肥投入选择意愿具有显著的负向影响，按其显著性水平及影响程度排序为：距县城距离、技术指导。

其次，通过研究农户采用循环农业技术行为及其影响因素，得出的结论：一是调查数据显示，在研究区采用循环农业技术的受访农户占比为13.73%，未采用循环农业技术的农户占比为86.27%，由此可见，研究区受访农户对循环农业工程的参与程度较低，循环农业工程建设还有待深化推广。二是农户是否采用循环农业技术，不仅取决于农户个体及家庭特征因素，而且与当地生产状况及外部环境因素密切相关。其中，户主受教育程度、人均耕地面积、家庭人均年收入、循环农业认知程度、技术指导和信贷支持是影响农户采用循环农业技术的重要因素。户主文化程度越高，农户人均耕地面积越多，家庭人均年收入水平越高，对循环农业认知程度越高，接受新技术指导越容易，信贷支持获得越容易，农户就越倾向于采用循环农业技术。另外，户主务农年限对农户采用循环农业技术有较显著的负向影响，农户对环境关注程度和信息获取能力对农户采用循环农业技术有较显著的正向影响。

最后，通过研究农户秸秆处置行为方式及其影响因素，得出的结论：一是受传统农业和生活习惯影响，研究区约有48.28%的受访农户处置秸秆方式为"作生活燃料或饲料"，"销售"占比为23.28%，最少的秸秆处置方式为"秸秆还田或制沼气"，占比为13.73%，秸秆"废弃或焚烧"的占比为14.71%，农户废弃或焚烧秸秆的现象仍然存在，这说明该区农户秸秆处置方式仍以传统农业利用为主，秸秆综合利用程度较低，秸秆综合利用潜力还存有较大空间。二是通过对农户秸秆处置行为影响因素分析，本章认为，人均耕地面积、家庭人均年收入、技术指导、信息获取能力是影响农户对秸秆处置行为方式的重要因素。户主受教育程度越高，农户人均耕地面积越多，家庭人均年收入越高，对环境关注程度越高，接受新技术指导越容易，信息获取能力越强，当地公共基础设施越完善，农户对秸秆综合利用程度就越高。另外，农户性别、村距县城距离对农户秸秆处置行为有明显作用；外出打工人数对农户秸秆处置方式有显著影响，但与本章研究假说相悖；养士堡镇的受访农户处置秸秆行为方式显著异于城郊乡。

第六章

农户循环农业技术采用
及废弃物利用绩效评价

　　本章首先对农户在生产过程中采用循环农业技术效率进行测算和对比分析，进而验证农户采用循环农业技术的有效性，其次分别对农户农业废弃物利用中的秸秆和畜禽粪便的产量及资源价值进行估算，从时间序列角度分析农业废弃物资源价值量的变化态势及巨大潜在利用价值。

第一节　农户循环农业技术采用效率测算及对比分析

　　目前，专家学者在研究效率评价方面主要分为两种。一种是传统效率评价法，其中包括指标评价方法和数理统计方法。前者如单项指标评价法和多项指标评价法等，该方法虽然简单方便，但受主观性影响缺乏客观性，并且评价分析不够深；后者如主成分分析法、因子分析法、层次类聚法、K－均值类聚法和回归分析法等，这些方法虽克服了主观性影响，评价结果较可靠，但计量软件在运算过程中，对原始数据统计检验要求高。另一种是前沿面分析方法，其中包括参数方法和非参数方法。前者如随机前沿分析法、自有分布分析法等，由于参数方法考虑到生产前沿的随机性，可区分随机干扰项和非效率影响，但必须在一定假设条件下设定生产函数形式，虽较方便检验结果显著性，但容易产生函数设定误差的问题，在实际应用中少于非参数法；后者包括数据包络分析法和无界分析法等，其中数据包络分析法（Data Envelopment Analysis, DEA），即评价同类部门或决策单位间的相对有效性的决策方法。

一、数据包络分析模型原理

数据包络分析法的基本原理为：首先确定所有样本在各个投入水平下所能得到的最大产出形成的效率前沿边界，而位于前沿面上的这些样本是相对有效率的。然后比较各样本的投入产出组合与前沿面边界的距离，距离越小，说明相对效率越低；距离越大，说明相对效率越高。

与随机前沿分析法（SFA）相比，数据包络分析法不受假设条件的约束，不需要设定生产函数形式，因而无须考虑随机因素的影响，而是利用多目标线性规划等方法求前沿面函数，并且适合于多投入多产出分析，因此，本章选择数据包络分析法来分析评价农户采用循环农业生产技术效率。

一般情况下，DEA 分析法可分为不变规模报酬（CRS）和可变规模报酬（VRS）两种选择假设下模型，在 CRS 假设条件下，对应于 CCR 模型；在 VRS 假设条件下，对应于 BCC 模型，相对效率值的比较可以从投入导向角度或产出导向角度进行测算，若基于投入导向的效率值是假定在产出不变条件下，如何使投入最小的问题，即研究最小投入与实际投入之比；若基于产出导向的效率值是假定在投入不变条件下，如何使产出最大的问题，即研究实际产出与最大产出之比。

（一）CCR 模型

假设决策单元 DMU 的个数为 n，DMU_j 的输入向量为 $X_j = (X_{1j}, X_{2j}, \cdots, X_{mj})$，输出向量 $Y_j = (Y_{1j}, Y_{2j}, \cdots, X_{sj})$，生产可能性的集合为：$T = \left\{ (X, Y) \mid \sum_{j=1}^{n} X_j \lambda_j \leqslant X, \sum_{j=1}^{n} Y_j \lambda_j \leqslant Y, \lambda_j \geqslant 0, j = 1, 2, \cdots, n \right\}$，在满足锥性、

无效性、最小性及凸性的假设条件下，CCR 模型可表示为：

$$
\begin{cases}
\text{Min}\left[\theta - \varepsilon\left(\sum_{i=1}^{m} s_i^- + \sum_{r=1}^{m} s_r^+\right)\right] \\
\text{s. t} \sum_{j=1}^{n} x_{ij}\lambda_j + s_i^- = \theta x_{i0},\ i \in (1,2,\cdots,m) \\
\sum_{j=1}^{n} y_{rj}\lambda_j + s_r^+ = y_{r0},\ r \in (1,2,\cdots,s) \\
\theta,\lambda_j,\ s_i^-,\ s_r^+ \geqslant 0,\ j = 1,2,\cdots,n
\end{cases}
\tag{6-1}
$$

其中，各个决策单元（DMU），即样本主体均有 $i = m$ 个投入，$r = s$ 个产出数据，对第 j 个决策单元，用 X_j、Y_j 分别表示样本主体的投入和产出；θ 表示相对效率；λ_j 表示 DMU 参考集合的权重；s_r^+ 表示第 r 种产出的冗余；s_i^- 表示第 i 种投入的不足。由模型可知，DMU 的效率值可通过求解多目标线性规划函数的值而求得。当目标函数 θ 值为 1，且 s_r^+、s_i^- 均为 0 时，表明此时投入最小，且不存在冗余或不足时，认为 DMU 效率值为 1；当 θ 值为 1 时，但 s_r^+、s_i^- 均不为 0 时，认为 DMU 为 Farrel 效率，即弱效率；当 θ 值不为 1 时，则认为 DMU 无效率，为使效率值达到 1，可进一步分析投入与产出的调整大小及方向。

（二）BBC 模型

在可变规模报酬的假定条件下，BBC 模型可以将 DMU 无效率的原因分解为技术无效率和规模无效率。

$$
\begin{cases}
\text{Min}\left[\theta - \varepsilon\left(\sum_{i=1}^{m} s_i^- + \sum_{r=1}^{m} s_r^+\right)\right] \\
\text{s. t} \sum_{j=1}^{n} x_{ij}\lambda_j + s_i^- = \theta x_{i0},\ i \in (1,2,\cdots,m) \\
\sum_{j=1}^{n} y_{rj}\lambda_j + s_r^+ = y_{r0},\ r \in (1,2,\cdots,s) \\
\sum_{j=1}^{n} \lambda_j = 1 \\
\theta,\lambda_j,s_i^-,s_r^+ \geqslant 0,\ j = 1,2,\cdots,n
\end{cases}
\tag{6-2}
$$

其中，θ、λ_j、s_r^+、s_i^- 表示的含义与式（6-1）相同；当 $\sum\limits_{j=1}^{n}\lambda_j = 1$ 时，表示规模报酬不变；当 $\sum\limits_{j=1}^{n}\lambda_j < 1$ 时，表示规模报酬递增；当 $\sum\limits_{j=1}^{n}\lambda_j > 1$ 时，表示规模报酬递减。

二、玉米种植农户生产技术效率测算及对比分析

（一）样本选取与指标说明

样本数据来源于研究区 180 户玉米种植农户，占总受访农户的 44.12%，其中采用秸秆还田生产方式的农户数为 56 户，占玉米种植农户数的 31.11%，没有采用秸秆还田生产方式的农户数为 124 户，占玉米种植农户数的 68.89%。为了比较不同生产类型的农户玉米种植生产技术效率及分解指数，我们采用 DEA 分析法对农户玉米种植生产技术效率进行测算和比较。

在 DEA 分析法的参数设定中，不变规模报酬的前提条件为所有决策单元（农户）在玉米种植生产过程中均已达到了最优规模效应，但在实际情况中，由于农户受家庭特征、社会文化、政策支持及外部生产环境的影响，尚不能达到最优的规模效应，而可变规模报酬能够避免这些条件的影响，适用条件相对宽松些，并且更符合农户的实际经营行为，因此，本章选择可变规模报酬参数下的 DEA 模型来测度农户生产技术效率：

$$\begin{cases} \underset{\theta,\lambda}{\text{Min}}\theta^j \\ \text{s.t} \sum\limits_{j=1}^{180} x_{ij}\lambda_j \leqslant \theta^n x_{i,n}, \ i \in (1,2,3,4) \\ \sum\limits_{j=1}^{180} y_{rj}\lambda_j \geqslant y_{r,n}, \ (r=1) \\ \sum\limits_{j=1}^{180} \lambda_j = 1 \\ \theta,\lambda_j \geqslant 0, \ j = 1,2,\cdots,180 \end{cases} \quad (6-3)$$

其中，农户决策单元（DMU）为 180 个，各受访农户均有 $i = 4$ 个投入，$r = 1$ 个产出数据，对第 j 个决策单元，用列向量 X_{ij}、Y_{rj} 分别表示受访农户玉米种植经营的投入和产出。即 4 个投入矩阵和 1 个产出矩阵共包括 180 个样本数据；θ 表示每个受访农户的相对效率；λ_j 为第 j 个农户中第 m 项投入和第 s 项产出的权重；θ^j 为第 j 个农户的效率值，取值在 [0，1]，其值越接近于 1，表示农户玉米种植投入产出效率值越高。

DEA 分析法决策单元的选取应具有同质性，选取较好的指标可提高评价有效性，农户玉米种植投入产出的指标选取也应符合下面要求：一是每个农户都具有相同的玉米种植投入和产出指标；二是玉米种植投入指标对产出指标具有重要影响因素。结合研究对象及调研数据的可获得性，本章以玉米种植受访农户为决策单元，针对不同类型农户的玉米种植生产效率进行比较分析，选取的投入指标分别为：（1）耕地面积，即农户家庭经营中玉米种植面积的实际大小；（2）生产资料投入，即农户玉米种植中有关生产资料的投入费用，主要包括种子、肥料和农药投入费用；（3）机械作业费用，即农户租赁机械作业费用；（4）劳动用工，即农户经营中所投入的劳动力工日，按每日工作 8 小时计。选取的产出指标为农产品玉米产量，每个选取指标的说明及统计特征见表 6-1。

表 6-1 农户玉米生产绩效测度指标及统计特征

指标	指标说明	单位	平均值	标准差	最小值	最大值
投入指标	耕地面积	亩	26.40	47.13	1.00	360.00
	生产资料投入	元	6067.59	10309.60	234.30	76320.00
	机械作业费用	元	2271.20	3897.79	96.00	31320.00
	劳动用工数量	工日	152.06	252.22	6.99	1875.60
产出指标	玉米产量	公斤	14073.41	26059.17	466.00	196200.00

资料来源：根据农户调查数据整理所得。

从表 6-1 中各个指标特征可以看出，农户在玉米种植生产过程中投入和产出之间存在一定差异，可能原因是所采用不同生产方式及规模效应引起效率上的差异。在选取的 180 个受访农户指标数据中，耕地面积指标最小值仅为 1 亩，最大值达到 360 亩，该指标平均值为 26.40 亩；生产资料投入指标最小值为 234.30 元，最大值为 76320 元，平均值为 6067.59 元；机械作业费指标最小值为 96 元，最大值为 31320 元，其平均值为 2271.20 元；劳动用工数量指标最小值为 6.99 工日，最大值为 1875.60 工日，其平均值为 152.06 工日；产出指标玉米产量最小值为 466 公斤，最大值为 196200 公斤，其平均值为 14073.41 公斤。

（二）测算结果与分析

利用 DEAP 2.1 软件，基于产出导向型的可变规模报酬（VRS）模型分别对受访农户不同生产方式的生产技术效率进行测算，其测算结果见表 6 - 2。其中纯技术效率指在现有技术条件下玉米种植生产过程中的有效利用程度，规模效率指受访农户是否处于最优的玉米种植生产规模，而综合效率是由前两种效率共同作用的结果，当综合效率为 1 时，说明该玉米种植农户是相对有效的。

表 6 - 2　　　　　　　不同类型农户玉米生产综合效率及分解指数

农户类型	综合效率	纯技术效率	规模效率
全部受访农户	0.8830	0.8970	0.9850
秸秆还田农户	0.9420	0.9446	0.9972
无秸秆还田农户	0.8560	0.8753	0.9788

资料来源：根据农户调查数据计算所得。

从表 6 - 2 中可以看出，对于全部受访农户来说，综合效率均值为 0.8830，纯技术效率均值为 0.8970，规模效率均值为 0.9850，其综合效率不足是由纯技术效率不足和规模效率不足共同作用引起的，这表明，在目前生产规模及技术水平条件下，如果消除技术效率损失，农户玉米种植生产技术效率还有 11.70% 的上升空间。

对于采用秸秆还田的受访农户来说，其综合效率均值为 0.9420，纯技术效率为 0.9446，规模效率为 0.9972，其综合效率不足主要是由纯技术效率不足引起的，规模效率接近于 1，说明规模效率相对有效，从实际调查中发现，在玉米种植农户中，耕地面积较多的前 4 个农户平均高达

261.05 亩，全部采用秸秆还田的保护性耕地的生产方式，这也与我们观察到的现象相符合。据 2014 年统计，目前研究区秸秆还田耕地已达到 35 万亩，秸秆还田不但能提高劳动效率，而且每亩地能增加约 5% 的产量①。这同时表明，在目前生产规模及技术水平条件下，若能消除效率损失因素，采用秸秆还田方式的受访农户在生产效率上还有 5.80% 的上升空间；对于没有采用秸秆还田的受访农户来说，其综合效率均值为 0.8560，纯技术效率为 0.8753，规模效率为 0.9788，其综合效率不足主要是由纯技术效率不足和规模效率不足共同作用引起的。这说明，在同样生产规模及技术水平条件下，若能消除效率损失因素，采用秸秆还田方式的受访农户在玉米种植生产效率上还有 14.40% 的上升空间。

从是否采用秸秆还田生产方式的受访农户比较来看，采用秸秆还田受访农户比没有采用秸秆还田受访农户综合效率高 8.59%，纯技术效率高 6.94%，规模效率高 1.84%，从而也验证了农户采用秸秆还田的生产方式是相对有效的。

三、肉牛养殖农户生产技术效率测算及对比分析

（一）样本选取与指标说明

1. 肖寨门镇肉牛养殖基本情况

根据肖寨门镇实地调查数据表明，肖寨门镇目前养牛农户 650 户，肖寨门镇肉牛养殖小区 313 个，占地 3200 亩。从事肉牛养殖产业人员达 7000 多人，肖寨门镇的肉牛养殖产业发展较快，无论存栏量、年出栏量均呈上升的趋势，2013 年肖寨门镇年肉牛出栏量为 148000 头，存栏量为 72000 头，比 2012 年的出栏量增加了 1.07 倍，存栏量减少约 6.23%，其中妈妈街村肉牛存栏就达到近 5.8 万头，约占肖寨门镇肉牛养殖的 80%，占全县肉牛存栏的 40% 以上，全县 1/4 以上农户，农民人均纯收入近 2/3

① 杜争华、郑心：《辽中县 35 万亩耕地"吃"秸秆》，载于《沈阳日报》2014 年 4 月 23 日。

来源于肉牛养殖业。根据 2012 年肖寨门镇循环农业调查显示，该镇肉牛养殖呈现三大特点：

一是规模化养殖。肖寨门镇现有占地面积 10 亩以上的养殖小区 179 个，年存栏量在 200 头以下的肉牛养殖户有 120 户，占肉牛总户数的 21.43%；200~300 头肉牛养殖户有 260 户，占比为 46.43%；300~500 头肉牛养殖户有 150 户，占比为 26.79%；500 头以上的肉牛养殖户有 30 户，占肉牛养殖户总数的 5.36%，其中规模最大的养殖户存栏达到 1500 头，年出栏 5 万头左右的肉牛养殖基地两处。

二是集中育肥。肖寨门镇肉牛养殖方式以集中育肥为主，架子牛主要从吉林、黑龙江、内蒙古等地各大市场购进，主要销往北京、上海及省内等地，饲养品种主要有西蒙塔尔、夏洛莱、蒙牛等。购进的架子牛体重平均约 305.22 公斤，然后进行集中圈养，饲养周期一般在 160 天左右，平均体重达到 528.8 公斤出栏，平均每头牛的净利润为 770.45 元。

三是养牛行业形成农业循环产业链条。肖寨门镇的种植业、养殖业、白酒产业和有机肥产业形成一种循环农业模式，即"粮食—白酒—肉牛—有机肥"模式，形成一种白酒产业带动上游种植业发展，而中游肉牛养殖业又可带动白酒产业的生产，其下游畜禽粪便经过处理转变成生物有机肥产业的模式，促进区域循环、绿色、低碳农业快速发展。

2. 肖寨门镇白酒产业基本情况

肖寨门镇白酒酿造业迄今已发展了三十多年。全镇现有生产酒厂 44 家，其中妈妈街有酒厂 35 家。肖寨门镇主要以生产散白酒为主，瓶装白酒为辅。全镇年产散白酒 5 万吨，年创产值 2.5 亿元，纳税 200 万元，其中妈妈街村酿酒量占 3 万吨，约为白酒总产量的 60%，村里酒业以作坊式为主，经营规模较小。白酒品种多样，主要有玉米酒、高粱酒、大米酒等，以酿造玉米酒为主，占总酒量的 70% 以上，白酒度数在 50~60 度。

综上所述，肖寨门镇是肉牛养殖和酿酒产业比较集中的区域，并且农业废弃物畜禽粪便和秸秆资源丰富，同时具有较好的循环农业产业发展模式，这些都具有很强的代表性。在实地调研中，肖寨门镇共调查 80

户受访农户，其中 46 户为肉牛养殖农户，采用酒糟养牛生产方式的农户数为 20 户，占肉牛养殖农户数的 43.48%，没有采用酒糟养牛生产方式的农户数为 26 户，占肉牛养殖农户数的 56.52%。为了比较不同饲养方式的农户肉牛养殖生产技术效率及分解指数，我们采用 DEA 分析法对农户肉牛养殖生产技术效率进行测算和比较。

类似于秸秆还田生产技术测算中 DEA 分析法的参数设定，本章同样选择在可变规模报酬参数下的 DEA 模型来测度农户肉牛养殖生产技术效率：

$$
\begin{cases}
\underset{\theta,\lambda}{\text{Min}}\theta^{j} \\[2mm]
\text{s. t} \sum_{j=1}^{46} x_{ij}\lambda_{j} \leqslant \theta^{n} x_{i,n},\ i \in (1,2,3) \\[2mm]
\sum_{j=1}^{46} y_{rj}\lambda_{j} \geqslant y_{r,n},\ (r = 1) \\[2mm]
\sum_{j=1}^{46} \lambda_{j} = 1 \\[2mm]
\theta,\lambda_{j} \geqslant 0,\ j = 1,2,\cdots,46
\end{cases}
\tag{6-4}
$$

其中，养牛农户决策单元为 46 个，各受访农户均有 $i = 3$ 个投入，$r = 1$ 个产出数据，对第 j 个决策单元，用列向量 X_{ij}、Y_{rj} 分别表示受访农户肉牛养殖经营的投入和产出。即 3 个投入矩阵和 1 个产出矩阵共包括 46 个受访农户数据；θ 表示每个养牛农户的相对效率；λ_{j} 为第 j 个农户中第 m 项投入和第 s 项产出的权重；θ^{j} 为第 j 个养牛农户的效率值，取值在 $[0,1]$，其值越接近于 1，表示农户肉牛养殖投入产出效率值越高。

结合肖寨门镇的典型肉牛养殖特征及调研数据可获得性和可比性，本章以受访肉牛养殖农户为决策单元，针对不同类型农户的肉牛养殖生产效率进行比较分析，选取的投入指标分别为：（1）仔畜数量，即农户肉牛养殖中购买仔畜的个数；（2）精粗饲料费用，即农户饲养肉牛过程中精饲料和粗饲料物质投入费用；（3）劳动力数量，即肉牛养殖过程中所需要的劳动力数量。选取的产出指标为肉牛产量，每个选取的指标说明及统计特征见表 6-3。从表 6-3 可知，农户在肉牛养殖生产过程中投入和产出之间存在差异，可能是由于所采取的不同生产方式及规模效应引起效率上的差异。在选取的 46 个受访农户指标数据中，仔畜数量指标最小值为 2 头，最大值为 500 头，该指标平均值为 108.78 头；精粗饲料费用指标最小值为 3576.00 元，最大值为 830045.00 元，其平均值为 176173.80 元；劳动力数量指标最小值为 1 人，最大值为 10 人，其平均值为 3.37 人；产出指标肉牛产量最小值为 920.00 公斤，最大值为 260000.00公斤，其平均值为 52671.30 公斤。

表 6-3　　　　　农户肉牛养殖绩效测度指标及统计特征

指标	指标说明	单位	平均值	标准差	最小值	最大值
投入指标	仔畜数量	头	108.78	90.82	2.00	500.00
	精粗饲料费用	元	176173.80	146913.20	3576.00	830045.00
	劳动力数量	人	3.37	1.92	1.00	10.00
产出指标	肉牛总产量	公斤	52671.30	45478.97	920.00	260000.00

资料来源：根据农户调查数据整理所得。

（二）测算结果与分析

利用 DEAP 2.1 软件，基于产出导向型的可变规模报酬（VRS）模型分别对受访农户不同生产方式的生产技术效率进行测算，其测算结果见表 6-4。其中，纯技术效率指现有技术在肉牛养殖生产过程中的有效利用程度，规模效率指受访农户是否处于最优的肉牛养殖生产规模，而综合效率是由前两种效率共同作用的结果，当综合效率为 1 时，说明该肉牛养殖农户是相对有效的。

表 6-4　　　　不同类型农户肉牛养殖综合效率及分解指数

农户类型	综合效率	纯技术效率	规模效率
全部受访农户	0.9110	0.9260	0.9840
酒糟养牛农户	0.9429	0.9626	0.9797
无酒糟养牛农户	0.8857	0.8983	0.9867

资料来源：根据农户调查数据计算所得。

从表 6-4 中可知，对于全部受访农户来说，综合效率均值为

0.9110，纯技术效率均值为0.9260，规模效率均值为0.9840，其综合效率不足是由纯技术效率不足和规模效率不足共同作用引起的，这表明，在目前生产规模及技术水平条件下，若能够消除技术效率损失，农户肉牛养殖生产技术效率还有8.90%的提高空间。

对于采用酒糟养牛的受访农户来说，其综合效率均值为0.9429，纯技术效率为0.9626，规模效率为0.9797，其综合效率不足主要是由纯技术效率不足引起的；这同时表明，在目前肉牛养殖生产规模及技术水平条件下，若能够消除效率损失因素，采用酒糟养牛方式的受访农户在生产效率上还有5.71%的上升空间；对于没有采用酒糟养牛的受访农户来说，其综合效率均值为0.8857，纯技术效率为0.8983，规模效率为0.9867，其综合效率不足主要是由纯技术效率不足引起的；这说明，在同样肉牛养殖生产规模及技术水平条件下，若能消除效率损失因素，没有采用酒糟养牛方式的受访农户在肉牛养殖生产效率上还有14.43%的上升空间。

从是否采用酒糟养牛生产方式的受访农户比较来看，采用酒糟养牛受访农户比没有采用酒糟养牛受访农户综合效率高5.71%，纯技术效率高6.43%，规模效率略低0.70%，进而也验证了农户采用酒糟养牛的生产方式是相对有效的。

第二节 秸秆资源化利用现状及效益分析

一、秸秆资源化利用现状

在研究区，当地农户对秸秆有多种处置方式，从实地调查数据显示，按照秸秆综合利用程度，主要处置方式有以下几种：一是农户选择秸秆还田或制沼气处置方式；二是农户选择销售处置方式；三是农户选择作生活燃料或饲料处置方式；四是农户选择废弃或焚烧处置方式。

据调查估算，研究区主要农作物秸秆资源总量为69.15万吨，其中用于秸秆还田或制沼气的秸秆约 9.49 万吨，占总量的 13.73%；用于销售的秸秆约 16.10 万吨，占比为 23.28%；用作生活燃料或饲料的秸秆约 33.38 万吨，占比为 48.28%；废弃或焚烧掉的秸秆约 10.17 万吨，占比为 14.71%（见图 6 - 1）。可以看出，农作物秸秆综合利用程度偏低，约近一半的秸秆仍为传统农业利用方式，农作物秸秆废弃或焚烧在某种程度上造成了资源的浪费，总之，秸秆资源综合化利用的结构不尽合理，秸秆资源利用的质量不高。

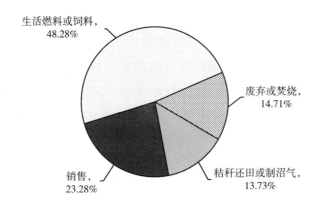

图 6 - 1　研究区主要农作物秸秆利用途径

二、农作物秸秆资源存量估算方法

（一）研究对象和研究方法

本研究范围为研究区农业主要农作物。以县为单位，估算 2006 ~ 2013 年全县水稻、小麦、玉米、大豆和油料作物的秸秆产生量，推算秸秆资源存量价值的时间分异态势及开发潜力特征分析。本章主要采用文献资料查阅、实地调研与估算主要农作物秸秆存量等相结合的综合比较分析方法。参照国内主要农作物草谷比参数以及秸秆与标准煤、秸秆与沼气之间的能值转换系数等。在此基础上，对研究区农户种植业情况进行调查，一方面调查历年主要农作物面积、产量和秸秆废弃物处置情况；另一方面通过实地调研数据，估算秸秆养殖肉牛潜力数量。

（二）研究区农作物秸秆资源存量估算参数

本章统计数据主要来源于《沈阳农村统计年鉴》和《沈阳统计年鉴》、研究区相关部门提供的资料及实地调研的数据。农作物秸秆资源量通常根据农作物产量和草谷比参数来估算，草谷比指农作物地上的非籽部分干物质产量与籽粒、糖或纤维等收获量的重量比，该系数存在地区、年际、品种、大田管理及收获方式等多方面的差异（李轶冰等，2009）。对于农作物秸秆转换沼气参数，由于在不同的温度下，秸秆发酵所产生的沼气量有所不同。为了准确估计秸秆转换资源价值量，本章将参照不同学者所采用资源转换参数的平均值（顾树华等，2001；李轶冰等，2009；王琛等，2011；蔡亚庆等，2011；张海成等，2012）。通过对比分析不同学者研究成果，确定估算中所涉及的主要农作物参数（见表6－5）。

表6－5　　　　　　　　农作物秸秆资源存量估算相关系数

农作物	草谷比	能值转换系数	单位产气量/（$m^3 \cdot kg^{-1}$）
稻谷	0.952	0.429	0.022
小麦	1.280	0.500	0.022
玉米	1.247	0.750	0.022
大豆	1.500	0.486	0.022
油料	2.212	0.441	0.022

资料来源：作者根据相关资料整理所得。

（三）研究区农作物秸秆存量及资源价值潜力估算公式

农作物秸秆存量估算公式：

$$Q_{ij} = Y_{ij}P_i, \quad i = 1, 2, \cdots, n \quad (6-5)$$

其中，Q_{ij}为在第j年农作物i秸秆产量，Y_i为在第j年农作物i产量，P_i为农作物i草谷比参数，n为农作物种类数量。

农作物秸秆资源价值量估算公式：

$$V_{ij} = Q_{ij}\alpha_i, \quad i = 1, 2, \cdots, n \quad (6-6)$$

其中，V_{ij} 为第 j 年农作物 i 秸秆可转换的资源价值，Q_{ij} 为在第 j 年农作物 i 秸秆产量，α_i 为农作物 i 秸秆资源转换系数，n 为农作物种类数量。

农作物秸秆养牛潜力估算公式：

$$B = \sum_{i=1}^{n} \frac{rQ_{ij}}{TF_i} \quad i = 1, 2, \cdots, n \qquad (6-7)$$

其中，B 为年秸秆养殖肉牛数量，r 为秸秆饲养率，Q_{ij} 为在第 j 年农作物 i 秸秆产量，T 为肉牛平均养殖周期（150 天），F_i 为不同秸秆养殖肉牛每日采食量。

三、秸秆资源化利用潜力分析及效益评价

（一）主要农作物产量变化趋势及特征分析

2006～2013 年研究区主要农作物产量情况见表 6-6，从表中统计数据可以看出，2006～2013 年，研究区主要农产品产量增加趋势不太明显，稻谷产量略有下降，由 2006 年的 338008 吨，下降到 2013 年的 316802 吨，下降约为 6.27%；小麦产量从 2006 年的 1849 吨增加到 2013 年的 2404 吨，增加约为 30.02%；玉米产量从 2006 年的 239861 吨增加到 2013 年的 288236 吨，增加约为 20.17%；大豆产量从 2006 年的 3770 吨增加到 2013 年的 4859 吨，增加约为 28.89%；以花生为主的油料作物产量从 2006 年的 6100 吨增加到 2013 年的 9075 吨，增加约为 48.77%。

表 6-6　　　　　　　　2006～2013 年研究区主要农作物产量　　　　　　单位：吨

年份	稻谷	小麦	玉米	大豆	油料
2006	338008	1849	239861	3770	6100
2007	366818	2122	227595	3374	13962
2008	317199	766	160314	14534	29671
2009	319308	1509	191650	5889	12534
2010	310117	1681	141545	4096	8994

年份	稻谷	小麦	玉米	大豆	油料
2011	321858	1715	217627	5233	14021
2012	322437	852	265184	4989	10984
2013	316802	2404	288236	4859	9075

资料来源：《沈阳农村统计年鉴》和《沈阳统计年鉴》。

从研究区主要农作物产量总体增长趋势来看，稻谷产量呈现较稳定性波动趋势，玉米产量 2006～2010 年呈现较大的波动性下降趋势，2010～2013 年表现为显著的上升势态，据有关资料报道，2010 年沈阳地区玉米减产的主要原因是春季低温，降雨量偏多以及光照不足所造成的；小麦、大豆和油料作物均呈现波动性增长趋势，农作物间增幅存在差异，其中小麦增幅最大，其次为大豆，油料产量增幅较为平稳（见图 6－2）。

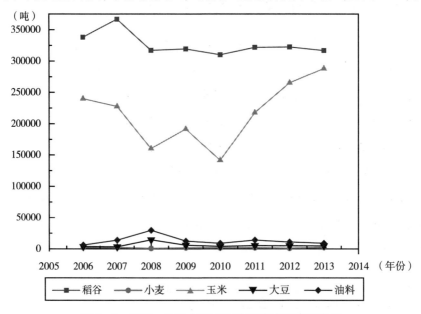

图 6－2　2006～2013 年研究区主要农产品产量变化

从研究区主要农作物种植结构总体变化趋势来看，其中水稻和玉米为研究区主要种植农作物，两者之和占每年总产量的 90% 以上，小麦农作物产量最少，其次为大豆产量，其中油料作物主要以花生农作物为主（见图 6－3）。

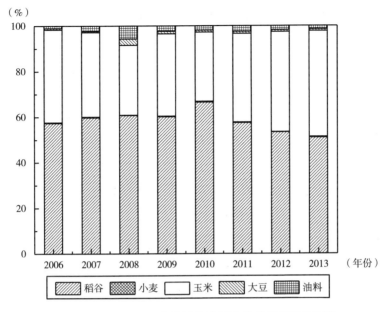

图 6-3　2006~2013 年研究区主要农作物种植结构变化

（二）主要农作物秸秆资源价值时间分异态势及特征分析

1. 农作物秸秆资源价值估算

本章假设所有可资源化的秸秆在单一的某种转换方式的情况下，估算其可转换的资源价值量。依据主要农作物产量、草谷比参数及秸秆资源价值转换系数，估算出 2006~2013 年研究区主要农作物秸秆总量及资源价值存量（折合标煤总量及沼气产量）。从农作物秸秆产量来讲，稻谷秸秆产量从 2006 年的 321783.62 吨增加到 2007 年的 349210.74 吨，增加约为 8.52%，然后下降到 2013 年的 301595.50 吨，年均减少约为 2.41%；小麦秸秆产量从 2006 年的 2366.72 吨增加到 2007 年的 2716.16 吨，增加约为 14.76%，然后增加到 2013 年的 3077.12 吨，年均增长 2.10%；玉米秸秆产量从 2006 年的 299106.67 吨下降到 2010 年的最低点 176506.62 吨，平均年减少 12.36%，随后增长到 2013 年的 359430.29 吨，年均增加 26.75%；大豆秸秆产量从 2006 年的 5655.00 吨增加到 2008 年最高的 21801.00 吨，增加约 285.52%，随后下降到 2013 年的 7288.50 吨，年均减少 19.68%。油料作物秸秆从 2006 年的 13493.20 吨增加到 2008 年最高的 65632.25 吨，增加约 386.41%，随后下降到 2013 年的 20073.90 吨，年均下降 21.10%。

从农作物秸秆折合标准煤量来看，稻谷折合标准煤量由 2006 年的 138045.17 吨，减少到 2013 年的 129384.47 吨，下降约 6.27%；小麦折合标准煤量由 1183.36 吨增加到 2013 年的 1538.56 吨，增加约 30.02%；玉米折合标准煤量由 2006 年的 224330.00 吨增加到 2013 年的 269572.72 吨，增加约 20.17%；大豆折合标准煤量由 2748.33 吨增加到 2013 年的 3542.21 吨，增加约 28.89%；油料折合标准煤量由 5950.50 吨增加到 2013 年的 8852.59 吨，增加约 48.77%。

从农作物秸秆折合沼气量来看，稻谷折合沼气量由 2006 年的 10297.08 万立方米，减少到 2013 年的 9651.06 万立方米，减少到 0.94 倍；小麦折合沼气量由 85.20 万立方米增加到 2013 年的 110.78 万立方米，增加到 1.30 倍；玉米折合沼气量由 2006 年的 11964.27 万立方米增加到 2013 年的 14377.21 万立方米，增加到 1.20 倍；大豆折合沼气量由 180.96 万立方米增加到 2013 年的 233.23 万立方米，增加到 1.29 倍；油料折合沼气量由 431.78 万立方米增加到 2013 年的 642.36 万立方米，增加了 1.49 倍（见表 6-7）。

表 6-7　　　　　2006~2013 年研究区农作物秸秆产量
及其资源价值存量估算

年份	农作物	秸秆总量（吨）	标煤总量（吨）	沼气产量（万立方米）
2006	稻谷	321783.62	138045.17	10297.08
	小麦	2366.72	1183.36	85.20
	玉米	299106.67	224330.00	11964.27
	大豆	5655.00	2748.33	180.96
	油料	13493.20	5950.50	431.78
	小计	642405.20	372257.36	22959.29
2007	稻谷	349210.74	149811.41	11174.74
	小麦	2716.16	1358.08	97.78
	玉米	283810.97	212858.22	11352.44
	大豆	5061.00	2459.65	161.95
	油料	30883.94	13619.82	988.29
	小计	671682.81	380107.17	23775.20

年份	农作物	秸秆总量（吨）	标煤总量（吨）	沼气产量(万立方米)
2008	稻谷	301973.45	129546.61	9663.15
	小麦	980.48	490.24	35.30
	玉米	199911.56	149933.67	7996.46
	大豆	21801.00	10595.29	697.63
	油料	65632.25	28943.82	2100.23
	小计	590298.74	319509.63	20492.77
2009	稻谷	303981.22	130407.94	9727.40
	小麦	1931.52	965.76	69.53
	玉米	238987.55	179240.66	9559.50
	大豆	8833.50	4293.08	282.67
	油料	27725.21	12226.82	887.21
	小计	581458.99	327134.26	20526.31
2010	稻谷	295231.38	126654.26	9447.40
	小麦	2151.68	1075.84	77.46
	玉米	176506.62	132379.96	7060.26
	大豆	6144.00	2985.98	196.61
	油料	19894.73	8773.58	636.63
	小计	499928.41	271869.62	17418.37
2011	稻谷	306408.82	131449.38	9805.08
	小麦	2195.20	1097.60	79.03
	玉米	271380.87	203535.65	10855.23
	大豆	7849.50	3814.86	251.18
	油料	31014.45	13677.37	992.46
	小计	618848.84	353574.86	21982.99
2012	稻谷	306960.02	131685.85	9822.72
	小麦	1090.56	545.28	39.26
	玉米	330684.45	248013.34	13227.38
	大豆	7483.50	3636.98	239.47
	油料	24296.61	10714.80	777.49
	小计	670515.14	394596.25	24106.32

年份	农作物	秸秆总量（吨）	标煤总量（吨）	沼气产量(万立方米)
	稻谷	301595.50	129384.47	9651.06
	小麦	3077.12	1538.56	110.78
2013	玉米	359430.29	269572.72	14377.21
	大豆	7288.50	3542.21	233.23
	油料	20073.90	8852.59	642.36
	小计	691465.32	412890.55	25014.64

资料来源：根据《沈阳农村统计年鉴》和《沈阳统计年鉴》及估算系数计算所得。

从农作物秸秆产量的时间发展变化趋势来看，水稻2006～2007年秸秆产量略有增长后，2007～2008年秸秆产量略有下降后，连续5年处于平稳波动趋势；小麦秸秆产量变化趋势与水稻相同；玉米秸秆产量经过连续4年波动性下降后，秸秆产量连续3年出现显著性增长；大豆和油料秸秆产量基本相同，2006～2008年增长到最高点以后，连续5年出现平稳的波动性增长趋势（见图6-4）。

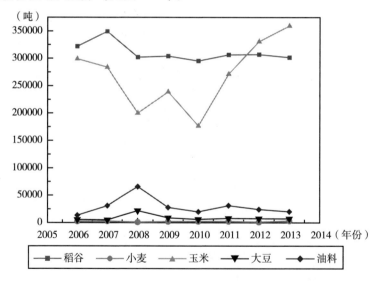

图6-4　2006～2013年主要农作物秸秆产量变化

从农作物秸秆折合标准煤的时间变化趋势来看，其发展态势与农作物秸秆产量基本相同，差异之处在于因玉米秸秆比稻谷秸秆的能值转换系数高，所得出的折合标准煤量要高于稻谷折合标准煤量（见图6-5）。

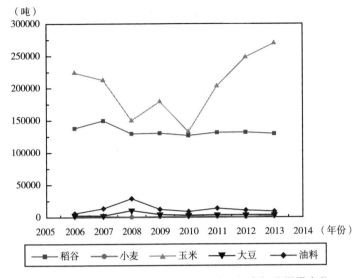

图6-5　2006~2013年主要农作物秸秆折合标准煤量变化

从农作物秸秆折合沼气量的时间变化趋势来看，水稻折合沼气量2006~2007年略有上升，2007~2013年呈现一种平稳的波动性下降；玉米折合沼气量2006~2010年出现较大幅度波动性下降后，2010~2013年又出现显著性上升趋势，且后3年沼气量超过水稻折合的沼气量；其他三种农作物折合沼气量的变化趋势与农作物秸秆产量基本相同（见图6-6）。

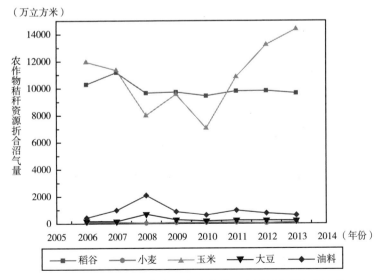

图6-6　2006~2013年主要农作物秸秆产量折合沼气量变化

从以上整体来讲，在研究区随着主要农作物小麦、玉米、大豆和油料作物产量的增加，其农作物秸秆产量从时间上呈波动性增长趋势，资源价值存量也存在波动性上升态势，稻谷秸秆产量由于其产量出现波动性下降趋势而出现较小幅度的下降。

2. 农作物资源价值的时间分异态势及特征分析

随着中国经济的快速发展，农作物秸秆作为农业废弃物主要的来源之一，其资源的能源化利用蕴藏着巨大潜力，对中国未来能源发展具有重要意义。从研究区农作物秸秆总量折合资源价值总体变化趋势来看，在不同的时期呈现不同的特征，2006～2007年，农作物秸秆产量略有增长，秸秆资源价值也略有上升趋势；2007～2010年，研究区主要农作物生产总量有所减少，导致农作物秸秆总量趋于下降，其秸秆资源价值在存量上呈现下降趋势；2010～2013年，农作物秸秆总量趋于显著增长趋势，其秸秆资源价值在存量和增量上均呈现快速增长态势（见图6-7）。

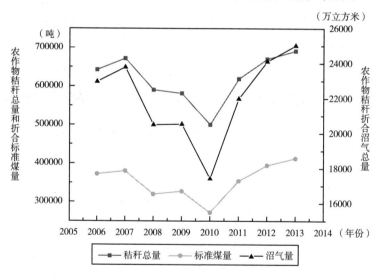

图6-7　2006～2013年农作物秸秆总量及其折合资源价值量变化

（三）农作物秸秆资源肉牛养殖潜力分析

1. 肉牛秸秆采食量估算

一般来说，农作物秸秆是肉牛养殖重要的粗饲料，既可作为粗饲料的一部分，也可作为唯一粗饲料，秸秆所占比例为40%～80%。典型的肉牛生产是以350公斤购进架子牛，育肥6个月后，大约以500公斤卖出①。根据宜春强微生物科技开发中心数据显示，假设肉牛体重400公斤，日增重0.5公斤，其实际营养需求如表6－8所示，以主要粗蛋白为例，假定60%的粗蛋白来自农作物秸秆，其余由精饲料等提供。

表6－8　　　　　　　　肉牛生长的营养需求表（每日每头）

体重（公斤）	日增重（公斤）	干物质摄入量（公斤）	粗饲料比例（％）	粗蛋白（公斤）	钙（克）	磷（克）	维生素A（千国际单位）
400	0	6.4	100	0.53	11	11	13
	0.5	9	50～55	0.79	16	16	19
	0.7	9	40～45	0.83	19	18	19
	0.9	9	30～35	0.88	21	19	19
	1.1	9	20～25	0.92	22	20	19
	1.2	10	15	0.92	23	21	19

资料来源：宜春强微高新技术专利产品开发中心［EB/OL］. http：//www. hl99. cn. com/show. asp?newsid＝791.

根据表6－9中不同农作物秸秆的粗蛋白含量②，来估算肉牛每天应采食秸秆数量，若以某种农作物作为唯一粗饲料，水稻秸秆需要9.88公斤；或小麦秸秆需要10.53公斤；或玉米秸秆需要8.32公斤，按3∶1比例折合成干重，则肉牛秸秆每天采食量分别为水稻秸秆3.30公斤，小麦秸秆3.51公斤和玉米秸秆2.78公斤③④。

表6－9　　　　　　　　不同农作物秸秆的营养成分　　　　　　单位：%

秸秆种类	水分	粗蛋白	粗脂肪	粗纤维	无氮浸出物	粗灰分	钙	磷
水稻	15.0	4.8	1.4	25.6	39.8	12.4	0.69	0.6
小麦	15.0	4.5	1.6	36.7	36.8	5.4	0.27	0.08
玉米	5.5	5.7	1.6	29.3	51.3	6.0	微量	微量

资料来源：笔者根据相关资料整理所得。

①　郭庭双：《秸秆畜牧业》，上海科学技术出版社1996年版。
②　梁业森、刘以连、周旭英：《非常规饲料资源的开发与利用》，中国农业出版社1996年版。
③　陈洪章：《秸秆资源生态高值化理论与应用》，化学工业出版社2006年版。
④　孙育峰、刘应宗、丰成学等：《基于养牛秸秆资源量和秸秆养牛量的计算与应用》，载于《统计与决策》2009年第17期。

研究区的实际调研资料显示，肉牛食用饲料主要包括精饲料、粗饲料、少量矿物质饲料以及饲料添加剂。其中精饲料主要包括玉米面、豆饼（粕）、棉油饼（粕），粗饲料主要包括秸秆和酒糟。

在实地调研中，肖寨门镇农户肉牛养殖食用饲料中，农作物秸秆作为肉牛饲养粗饲料的一部分，农户从购买架子牛到出栏牛的重量幅度一般在 200～400 公斤，以 400 公斤的肉牛为例，每日平均所需采食量中，精饲料约 4.14 公斤（大概体重每 50 公斤每日需要 0.5 公斤精饲料），其中玉米面约 3.02 公斤，豆饼约 0.57 公斤，棉籽饼约 0.55 公斤，精饲料中玉米面、豆饼和棉油饼的投入比例约为 5∶1∶1；当秸秆作为肉牛饲养粗饲料的一部分时，粗饲料约 11.35 公斤，其中酒糟约 8.14 公斤，秸秆约 3.21 公斤，粗饲料中酒糟和秸秆的投入比例约为 2.6∶1，这时，粗饲料和精饲料的投入比例约为 1∶2.7；当秸秆作为肉牛饲养唯一粗饲料时，粗饲料约为 12.42 公斤，这时，粗饲料和精饲料的投入比例为 1∶3.0（见表 6－10）。肉牛饲养周期约 150 天，出栏的肉牛一般在 500～600 公斤。

表 6－10　　　研究区肉牛每日食用饲料主要配料成分及比例　　　单位：公斤

肉牛饲料配料成分	精饲料				粗饲料（一）			粗饲料（二）	
	玉米面	豆饼（粕）	棉油饼（粕）	小计	酒糟	秸秆	小计	秸秆	小计
平均日采食量	3.02	0.57	0.55	4.14	8.14	3.21	11.35	12.42	12.42
精粗饲料内部比例	5	1	1		2.6	1		1	
精粗饲料比例	1				2.7			3.0	

资料来源：根据农户调查数据整理所得。

2. 农作物秸秆养殖肉牛潜力估算

假设在肉牛饲养的其他精饲料量不变情况下，根据以上秸秆养牛潜力估算公式和每日肉牛的秸秆采食量，可估算出秸秆养殖肉牛的数量，而肉牛养殖的秸秆资源数量是由秸秆饲用率决定的，以 2013 年研究区主要农作物秸秆资源为例，有关研究显示，按全国农作物秸秆饲用率约为 31% 估算[①]，

① 陈冬冬、高旺盛、陈源泉：《中国农作物秸秆资源化利用的生态效应和技术选择分析》，载于《中国农学通报》2007 年第 10 期。

则养殖肉牛的农作物秸秆总量约为 214354.25 吨，其中水稻秸秆为 93494.61 吨，小麦秸秆为 953.91 吨，玉米秸秆为 111423.39 吨，大豆及油料秸秆为 8482.34 吨，以肉牛周期采食量为标准，其中水稻秸秆养殖肉牛 188877.99 头，小麦秸秆养殖肉牛 1811.79 头，玉米秸秆养殖肉牛 267202.38 头，大豆及油料秸秆养殖肉牛 14462.65 头，估算出秸秆养殖肉牛总数量为 472354.81 头；按辽宁省农作物秸秆饲用率约为 20% 估算[1]，则养殖肉牛的农作物秸秆总量为 138293.06 吨，其中水稻秸秆养殖肉牛 121856.77 头，小麦秸秆养殖肉牛 1168.90 头，玉米秸秆养殖肉牛 172388.63 头，大豆及油料秸秆养殖肉牛 9330.74 头，估算出秸秆养殖肉牛总数量为 304745.04 头。

若研究区秸秆饲用率达到 35%，则估算养殖肉牛的农作物秸秆总量为 242012.86 吨，其中水稻秸秆养殖肉牛 213249.35 头，小麦秸秆养殖肉牛 2045.57 头，玉米秸秆养殖肉牛 301680.10 头，大豆及油料秸秆养殖肉牛 16328.80 头，估算出秸秆养殖肉牛总数量可达到 533303.81 头（见表 6-11）。

表 6-11　　　　研究区主要农作物秸秆养殖肉牛数量估算

名称	单位	稻谷	小麦	玉米	大豆及油料	合计
秸秆产量	吨	301595.50	3077.12	359430.29	27362.40	691465.32
秸秆饲用量（31%饲用率）	吨	93494.61	953.91	111423.39	8482.34	214354.25
秸秆饲用量（20%饲用率）	吨	60319.10	615.42	71886.06	5472.48	138293.06
秸秆饲用量（35%饲用率）	吨	105558.43	1076.99	125800.60	9576.84	242012.86
日平均采食量	公斤	3.30	3.51	2.78	3.91	——
周期采食量	公斤	495.00	526.50	417.00	586.50	——
肉牛饲养量（31%饲用率）	头	188877.99	1811.79	267202.38	14462.65	472354.81
肉牛饲养量（20%饲用率）	头	121856.77	1168.90	172388.63	9330.74	304745.04
肉牛饲养量（35%饲用率）	头	213249.35	2045.57	301680.10	16328.80	533303.81

注：大豆和油料秸秆养殖肉牛的每日饲养量按实地调研数据计算。

---

① 梅晓岩、武敬岩、刘荣厚：《辽宁农作物秸秆资源评价及能源化利用分析》，载于《可再生能源》2008 年第 6 期。

四、农作物秸秆资源化利用存在问题分析

我国每年秸秆生产约 6.4 亿吨，约占全世界秸秆总量的 30%[①]，作为农村最主要的副产品，其秸秆资源潜在利用价值相当巨大，在秸秆能源化利用方式上，可以作为生活中的燃料、生产中的肥料、养殖中的饲料、工业中造纸和建材等的原料以及食用菌中的基料（简称"五料"）。据有关研究表明，通过对秸秆资源处置方式的成本收益分析，每亩谷物秸秆利用在含有劳动力成本条件下，若农户分别自用作秸秆燃料、秸秆沼气和秸秆还田，其净收益分别为 200 元、139 元和 88 元[②]。面对农作物秸秆资源化利用可观的经济，然而，目前农村秸秆综合利用率仅为 28.7%，每年约 1.16 亿吨秸秆被焚烧，辽宁、河北等有 20% ~ 30% 的农业秸秆被废弃或焚烧[③]，这与国家《秸秆焚烧和综合利用管理办法》中的年利用率达到 60%，力争到 2015 年秸秆综合利用率超过 80% 的目标要求有很大差距[④]，究其原因，主要有以下几个方面：

（一）农民对秸秆资源利用积极性不高，外部性没有内部化

从实地调查结果来看，农户秸秆综合利用结构不尽合理，存在有秸秆废弃和焚烧现象，资源和环境保护意识较低，虽然秸秆沼气、酒糟养牛和秸秆出售等综合利用能为农户带来一定收益，但是所需要的资金、技术、机械设备和市场等相关的约束条件制约了农户有效利用秸秆；由于存在外部性，农户秸秆资源化利用时，其对整个农业生态环境具有社会和环境效益，但这种正的外部性并没有受到重视和激励，相对于农户

① 张百良、王吉庆、徐桂转等：《中国生物能源利用的思考》，载于《农业工程学报》2009 年第 9 期。

② 王舒娟、蔡荣：《农户秸秆资源处置行为的经济学分析》，载于《中国人口·资源与环境》2014 年第 8 期。

③ 曹国良、张小曳、郑方成等：《中国大陆秸秆露天焚烧的量的估算》，载于《资源科学》2006 年第 1 期。

④ 黄朝武：《2015 年秸秆综合利用率要超 80%》，载于《农民日报》2012 年 1 月 6 日。

焚烧秸秆，对空气、水体及土壤等造成的破坏，由于政府存在监管成本高、责任不明确等因素并没有有效遏制，这在某种程度上造成农户利用秸秆的积极性不高。

（二）秸秆资源利用企业产业化水平低

目前，研究区对秸秆加工处理的企业仅有两家，分别为沈阳成昌生物质能源有限公司和沈阳烁塬生物质能源有限公司，2013 年企业秸秆资源利用总量分别为 4 万吨和 3 万吨，而本书估算的数据表明，2013 年研究区农作物秸秆资源总量约为 69.15 万吨，相对研究区秸秆资源总量来说，企业年处理秸秆总量还远远不够，若使秸秆形成规模化利用，要有赖于产业化发展的带动和提升，这也是秸秆资源市场化和商品化程度较低的直接原因。

（三）秸秆综合利用技术水平不高，适用技术和推广方面尚未成熟

秸秆综合利用技术尚未形成体系，一些关键技术还不成熟。其主要表现在一是企业规模较小，管理相对落后；二是生产设备较落后，存在耗能高、可靠性差及运行不稳定等问题，并且适宜于农户分散经营的小型实用化机具设备缺乏；三是秸秆的收集贮运服务体系不完善，这会给企业增加秸秆综合利用的交易成本。可以说，技术瓶颈和秸秆收集贮运困难是制约秸秆加工企业发展的关键因素。

（四）对农户秸秆综合利用缺乏相应的政策支持

目前，从政府对综合利用和禁烧秸秆的工作方式上来看，一方面，对各县（区）及基层政府发放相关财政补贴，实行以奖代补，对基层领导形成激励机制；另一方面，给予秸秆企业、秸秆收购商以及秸秆机械还田的农机手补贴，但是，直接对于农户参与秸秆综合利用行为的补贴奖励，从整体上来说，还是"杯水车薪"，还没有把农户作为重点补贴对象，农户作为循环农业发展中最重要的行为主体，如果积极性不高，对秸秆资源化利用的长远发展会造成不利的影响。

第三节　畜禽粪便资源化利用现状及效益分析

一、畜禽粪便有机肥资源化利用现状

从实地调研来看，研究区畜禽粪便主要利用途径有三种：一是集中无害化、资源化处理方式。通过畜禽粪便加入微生物菌剂，经过工厂化发酵，进行养分浓缩和无害化处理，制作成商品有机肥料。目前，研究区只有两家有机肥生产企业，一家为沈阳树新畜牧有限公司，年处理粪便2.5万吨，生产生物有机肥0.5万吨；另一家为沈阳海乐斯生物科技有限公司，年处理粪便8万吨，生产有机肥约2万吨，产品销售于周边和省外地区，主要应用于有机水稻、大棚蔬菜和果园。二是传统堆沤方式。即经过一段时间，让畜禽粪便自然腐熟，通过内部微生物发酵作用将有机物分解，转化为可利用小分子物质，作为肥料应用到农田，是一种传统畜禽粪便利用方式。三是闲置丢弃。畜禽粪便不经过任何处理而堆放在养殖场内，闲置于庭院前后、道路和河道旁等。

据调查估算，目前研究区畜禽粪便有机肥资源总量为141.38万吨，其中生产商品有机肥利用畜禽粪便为11.49万吨，约占总量的8.13%；农户直接购买用于传统农家肥78.99万吨，约占55.87%；闲置丢弃畜禽粪便资源50.90万吨，约占36%，见图6-8。可以看出，畜禽粪便肥料

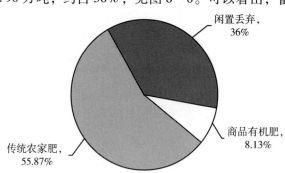

图6-8　研究区畜禽粪便利用途径情况

化的商品利用率偏低，只有约一半的畜禽粪便资源用于传统农家肥，畜禽粪便有机肥资源浪费较大。

畜禽养殖与居民区的混养现象。在研究区实地调查发现，由于历史原因和管理缺漏，许多家庭养殖专业户出现畜舍、酿酒作坊与民居混杂的局面，畜禽粪便常堆置在农舍前后，甚至有的堆放于河道旁，每逢雨季时，粪便随雨水四处弥漫，臭味刺鼻，对水体、土壤和空气造成污染，并危及畜禽及人体健康，畜禽粪便没有及时有效处理利用，造成资源极大浪费。

二、畜禽粪便有机肥资源存量估算方法

（一）研究对象和研究方法

本书范围为辽中县规模化养殖畜禽粪便。以县为单位，估算 2006 ~ 2013 年全县肉牛、猪和肉鸡的粪便排放量、推算畜禽粪便中所含氮、磷、钾的含量以及 2006 ~ 2013 年全县农业化肥施用量及折纯量。本书主要采用文献资料查阅、实地调研与估算畜禽养殖粪便存量等相结合的综合比较分析方法。参照畜禽粪便日排泄量系数以及畜禽粪便主要肥料成分含量系数等，在此基础上，对研究区农户种植业、养殖业情况进行调查，一方面调查农作物面积、产量、化肥使用、养殖类型和数量情况，另一方面调查农户对畜禽粪便和秸秆等有机废弃物的处理方式等情况。

（二）基础数据和参数来源

本书统计数据主要来源于《沈阳农村统计年鉴》《沈阳统计年鉴》及研究区相关政府部门提供的数据资料，2006 ~ 2013 年研究区畜牧业主要畜禽养殖情况见表 6 - 12，通过对比分析不同学者研究成果来确定估算中所涉及的主要参数。

表 6 - 12　　　　　　　　研究区主要畜禽养殖数量（2006～2013 年）

品种	2006 年	2007 年	2008 年	2009 年	2010 年	2011 年	2012 年	2013 年
牛（头）	234686	235477	220019	295394	365981	408982	438638	484569
猪（头）	972983	867094	810182	857860	935877	1068851	1140442	1223648
鸡（百只）	162200	161400	160800	167800	200885	210600	229400	249200

资料来源：《沈阳农村统计年鉴》《沈阳统计年鉴》（2006～2013 年）。

（三）畜禽粪便资源存量及主要畜禽粪便养分含量估算

畜禽养殖数量和养殖周期。畜禽养殖数量依据其平均养殖周期来确定。一般平均养殖周期小于 1 年的，以当年出栏量作为养殖数量，存栏量不考虑，因为存栏的这部分畜禽会计算在下一年的出栏量中，平均养殖周期大于 1 年的畜禽，一般当年出栏较少，故以存栏量作为养殖数量，养殖周期计为 356 天[①]。根据动物卫生监督管理局提供的资料数据，研究区肉牛养殖户多数是从新疆和内蒙古等地购进架子牛进行育肥饲养，故肉牛的平均养殖周期为 150 天；生猪的平均养殖周期为 150 天，肉鸡的平均养殖周期为 45 天。

畜禽粪便排泄系数。单个动物每天排出的粪便数量为畜禽粪便排泄系数，即单头日产粪便量。畜禽粪便日排泄量与品种、性别、生长期、饲料成分、管理方式、季节甚至气候等多种因素有关，但一般波动不会太大。鉴于我国目前尚没有畜禽养殖粪便排泄系数标准，本书根据当地相关部门提供的数据，并结合实地调研数据，取其平均值作为畜禽粪便排泄估算系数（见表 6 - 13）。

表 6 - 13　　　　　　　　研究区畜禽养殖粪便排泄系数

品种	养殖周期（天）	日粪便量（公斤）	日废水量（公斤）	周期固废量（吨）	周期废水量（吨）
肉牛	150	12	15.33	1.8	2.3
生猪	150	2	5.33	0.3	0.8
肉鸡	45	0.16	0	0.007	0

资料来源：笔者根据实地调研数据整理所得。

———————————

① 张田、卜美东、耿维：《中国畜禽粪便污染现状及产沼气潜力》，载于《生态学杂志》2012 年第 5 期。

农业循环经济中农户行为理论分析与实证研究

畜禽粪便中主要养分含量系数。畜禽粪便中含有大量有机质，氮、磷、钾及微量元素含量丰富，C/N 比也比较低，是微生物的良好营养物质，非常适合作有机肥。根据国内对于畜禽粪便中各种主要肥料含量的研究[1][2]，取其平均值作为畜禽主要养分含量系数（见表6-14）。

表6-14　　　　　　　　　　　畜禽粪便主要养分含量　　　　　　　　　单位：%

品种	有机质	全氮（N）	全磷（P$_2$O$_5$）	全钾（K$_2$O）	水分
牛粪	12.01	0.47	0.19	0.50	81.03
猪粪	10.60	1.09	0.32	0.68	74.14
鸡粪	21.58	1.41	0.90	0.78	56.00

资料来源：笔者根据相关资料整理所得。

（四）相关估算公式

畜禽粪便排泄量估算：

$$Q_{ij} = N_{ij}C_iE_i, \quad i = 1, 2, \cdots, n \tag{6-8}$$

其中，Q_{ij} 为在第 j 年畜禽 i 粪便排泄量，N_i 为在第 j 年畜禽 i 养殖数量，C_i 为畜禽 i 养殖周期，E_i 为畜禽 i 排泄系数，n 为畜禽品种数量。

畜禽粪便资源主要养分含量估算：

$$N_{ij} = Q_{ij}\alpha_i, \quad i = 1, 2, \cdots, n \tag{6-9}$$

其中，N_{ij} 为第 j 年畜禽 i 粪便中主要养分含量，Q_{ij} 为在第 j 年畜禽 i 粪便排泄量，α_i 为畜禽 i 粪便主要养分含量系数，n 为畜禽品种数量。

农用化肥折纯量计算：

农用化肥折纯量是指把本年内实际用于农业生产的化肥数量（包括氮肥、磷肥、钾肥和复合肥）分别按含氮（N）、含五氧化二磷（P$_2$O$_5$）、含氧化钾（K$_2$O）的百分之一百成分进行折算后的数量，表示化肥的实际肥效，复合肥按其所含主要成分折算[3]。

———————

① 边炳鑫、赵由才、康文泽：《农业固体废物的处理与综合利用》，化学工业出版社2005年版。
② 李国学、周立祥、李彦明：《固体废物处理与资源化》，中国环境科学出版社2005年版。
③ 资料来源：国家统计局农用化肥施用量指标解释。

$$Y_{ij} = \sum_{i}^{n} F_{ij}\beta_{ik}, \quad i = 1,2,\cdots,n \quad k = 1,2 \qquad (6-10)$$

其中，Y_{ij} 为第 j 年化肥 i 的折纯量，F_{ij} 为第 j 年化肥 i 施用数量，β_k 为化肥 i 含有效成分（N、P_2O_5、K_2O）的折纯率，n 为化肥品种数量。

三、畜禽粪便资源化利用潜力分析及效益评价

（一）畜禽粪便排放总量及主要养分含量

依据主要畜禽的养殖数量、养殖周期、粪便排泄系数和畜禽粪便中主要可利用成分，估算出 2006 ~ 2013 年研究区主要畜禽粪便总排放量从 2006 年的 827869.70 吨下降到 2008 年的 751648.80 吨，下降比例为 9.21%，然后连续 4 年畜禽粪便排放量呈上升趋势，到 2013 年，排放量达到 1413758.60 吨，年均增长率为 13.47%；同样发展趋势下，2006 年畜禽粪便中总养分量为 14442.95 吨，到 2008 年总养分量下降到 13092.76 吨，下降比例约 9.35%，然后连续 4 年总养分量增长到 2013 年的 23072.04 吨，年均增长率为 12.00%。

以 2013 年为例，畜禽粪便排放量中全氮、全磷和全钾的含量分别为 10501.91 吨、4359.66 吨和 8210.47 吨，占总养分量的比重分别为 45.52%、18.90% 和 35.59%。从畜禽粪便排放量构成来看，牛粪排放量最大，总计为 872224.20 吨，约占总量的 61.70%；鸡粪排放量最小，总计为 174440.00 吨，约占 12.34%；猪粪排放量约占 25.97%。从养分构成看，全氮含量最多的是牛粪，约计 4055.84 吨，约占总氮含量的 38.62%；全磷含量最多的是牛粪，约计 1631.06 吨，占总磷含量的 37.41%；其次是鸡粪，占总磷含量的 35.81%；全钾含量最多的是牛粪，约计 4361.12 吨，占总钾含量的 53.12%。从畜禽固废排放量中总养分构成看，牛粪所含养分量最多，约 10048.02 吨，占比为 43.55%，其次是猪粪，约 7635.56 吨，占比为 33.09%，鸡粪所含养分量最小，约 5388.45 吨，占比为 23.35%（见表 6 - 15）。

表 6 - 15　　　　2006～2013 年研究区畜禽粪便产量及主要养分量　　　　单位：吨

年份	品种	总量	全氮（N）	全磷（P_2O_5）	全钾（K_2O）	总养分量
2006	牛粪	422434.80	1964.32	788.54	2112.17	4865.04
	猪粪	291894.90	3167.06	929.20	1975.16	6071.41
	鸡粪	113540.00	1602.81	1016.18	887.50	3506.49
	小计	827869.70	6734.19	2733.93	4974.83	14442.95
2007	牛粪	423858.60	1970.94	791.20	2119.29	4881.44
	猪粪	260128.20	2822.39	828.07	1760.20	5410.67
	鸡粪	112980.00	1594.90	1011.17	883.13	3489.20
	小计	796966.80	6388.23	2630.45	4762.62	13781.30
2008	牛粪	396034.20	1841.56	739.26	1980.17	4560.99
	猪粪	243054.60	2637.14	773.72	1644.67	5055.54
	鸡粪	112560.00	1588.97	1007.41	879.84	3476.23
	小计	751648.80	6067.67	2520.40	4504.68	13092.76
2009	牛粪	531709.20	2472.45	992.52	2658.55	6123.52
	猪粪	257358.00	2792.33	819.26	1741.46	5353.05
	鸡粪	117460.00	1658.14	1051.27	918.15	3627.56
	小计	906527.20	6922.93	2863.05	5318.15	15104.12
2010	牛粪	658765.80	3063.26	1229.70	3293.83	7586.79
	猪粪	280763.10	3046.28	893.76	1899.83	5839.87
	鸡粪	140619.50	1985.08	1258.54	1099.18	4342.80
	小计	1080148.40	8094.62	3382.00	6292.84	17769.46
2011	牛粪	736167.60	3423.18	1374.18	3680.84	8478.20
	猪粪	320655.30	3479.11	1020.75	2169.77	6669.63
	鸡粪	147420.00	2081.08	1319.41	1152.33	4552.82
	小计	1204242.90	8983.37	3714.34	7002.94	19700.65
2012	牛粪	789548.40	3671.40	1473.82	3947.74	9092.97
	猪粪	342132.60	3712.14	1089.12	2315.10	7116.36
	鸡粪	160580.00	2266.85	1437.19	1255.20	4959.25
	小计	1292261.00	9650.39	4000.14	7518.04	21168.57
2013	牛粪	872224.20	4055.84	1631.06	4361.12	10048.02
	猪粪	367094.40	3982.97	1167.36	2485.23	7635.56
	鸡粪	174440.00	2463.09	1561.24	1364.12	5388.45
	小计	1413758.60	10501.91	4359.66	8210.47	23072.04

资料来源：笔者根据相关资料计算所得。

（二）农业化肥施用量及折纯量变化情况

根据《沈阳农村统计年鉴》和《沈阳统计年鉴》数据资料，列出 2006~2013 年研究区农业化肥使用总量及其折纯量（见表 6-16），从表中可以看出，2006 年化肥总量从 113618 吨下降到 2008 年的 91123 吨，减少了 22495 吨，下降比例约为 19.80%，然后连续 5 年农业化肥施用量基本持平，平均施用量为 98053.50 吨。以 2013 年为例，农业化肥施用量为 97834 吨，所含总养分量为 29838 吨，其中氮肥 15028 吨、磷肥 3311 吨、钾肥 4184 吨、复合肥 7315 吨，占比分别为 50.37%、11.10%、14.02% 和 24.52%。

表 6-16　　　　　2006~2013 年研究区化肥施用量及折纯量　　　　单位：吨

年份	化肥总量	折纯量				总养分量
		氮肥	磷肥	钾肥	复合肥	
2006	113618	18045	5303	3477	6638	33463
2007	93290	14603	3932	2914	6279	27728
2008	91123	14065	3222	4012	6445	27744
2009	96972	14746	3323	4304	7225	29598
2010	97298	14701	3318	4266	7409	29694
2011	97080	14690	3320	4189	7406	29605
2012	97213	14851	3308	4175	7310	29644
2013	97834	15028	3311	4184	7315	29838

资料来源：《沈阳农村统计年鉴》《沈阳统计年鉴》。

（三）畜禽粪便有机肥资源开发潜力分析

以 2013 年为例，研究区农业化肥施用量中总养分量为 29838 吨，养殖业主要畜禽粪便排放量中所含养分量为 23072.04 吨，从表 6-15 和表 6-16 对比分析看出，假定畜禽粪便完全实现肥料化利用，则后者所含养分量相当于前者同期农业化肥施用量的 77.32%，也就是说，同期农业化肥施用量的 77.32% 可以用畜禽粪便有机肥料来替代，这样不仅实现区域内粪便污染物就地消纳，增加土壤有机质含量和生物活性物质，改良土壤结构，增强土壤肥力，提高和改善农产品的产量和品质，而且能够降低能源消耗，减少环境污染，保护生态平衡，进而创造经济价值。从 2006～2013 年畜禽粪便所含养分量来代替同期农业化肥施用量的比例分别为 43.16%、49.70%、47.19%、51.03%、59.84%、66.55%、71.41% 和 77.32%，从总体上看两者之间替代率呈上升趋势（见图 6-9）。

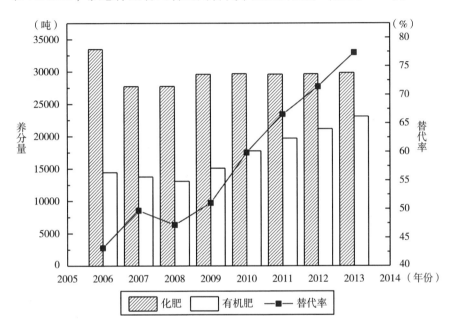

图 6-9　2006～2013 年研究区化肥和有机肥养分量对比及替代率

四、畜禽粪便资源化利用程度不足问题分析

科学实践表明，农业生态系统是一个开放的物质循环过程，需要从系统外输入一定有机质和营养元素，才能从系统中输出高而稳定的产出，该系统中的物质和能量主要是通过土壤库进行转换。人们为了提高单位面积产量而增加农田复种指数，土壤养分大量输出，造成农业生态系统物质循环的输入和输出失衡，为保持土壤肥力和农业可持续发展，需要从系统外输入一定量的营养物质，即农业生产中需要大量有机肥料。但农业部农业技术推广中心数据显示，有机肥在肥料总投入中的比例从

1949 年的 99.9% 降到 1965 年的 80.7%，又从 1975 年的 66.4% 下降到 1985 年的 43.7%，再由 1995 年的 32.1% 降到 2000 年的 30.6%[①]。据有关统计显示，2003 年全国有机肥施用量仅占肥料施用量的 25%，到 2007 年，该数字仍然维持在 25%[②]。可以说，一方面有机肥料对农业可持续发展有重要意义；另一方面，历年我国有机肥施用量占施肥总量比例却逐年降低，造成大量畜禽粪便资源浪费，导致环境污染和生态破坏，其原因分析如下。

（一）从畜禽养殖业生产特点的演进角度分析

过去传统畜禽业多为农户分散经营为主，畜禽饲养头数少，规模小，畜禽废弃物可通过周围农田及时消纳，形成以"畜禽—肥料—粮食"循环的农业生产模式，能够维持一种生态环境平衡。伴随社会经济快速发展和居民生活水平不断提高，畜禽养殖方式逐渐从分散经营向集约化、规模化和专业化经营发展，从畜禽养殖空间分布上看，畜禽养殖业从广大农业区、牧区转移到城镇或大城市郊区。从农业结构关系变化来看，畜禽养殖业从过去传统的养殖业和种植业紧密结合转变为两者之间日渐分离，导致大量未经处理的畜禽粪便随意排放，不能得到及时有效处理利用。同时，由于现代农业发展片面地追求粮食产量和经济最大化，有机肥逐渐被高效化肥所取代，从而使畜禽粪便资源变为废弃物，然而长期大量使用化肥、农药和除草剂，又容易导致土壤板结、化肥农药残留增加、地力衰竭，最终导致农作物产量不稳定，农产品质量下降。

（二）从农户生产角度分析

农户施用有机肥费时费力，且机会成本高。有机肥包括农家肥和商品有机肥。对于传统的农家肥来说，因具有腐熟周期长、体积和重量大、气味恶臭、养分含量低，病菌传播、污染大，无害化程度低，劳动强度

---

① 农业部农业技术推广中心：《中国有机肥料资源》，中国农业出版社 1999 年版。
② 李慧、黄文芳：《阻碍我国有机肥推广的经济成因分析》，载于《中国环保产业》2010 年第 3 期。

大、效率低，运输和施用很不方便等特点，即通常所谓的"三低三大"问题，这些特征制约着农家肥的推广和施用。相对于化肥而言，农家肥有利于土壤改良和培肥地力，但施用后在短时期内肥效并不明显。另外，随着新型城镇化发展和农村劳动力转移，劳动力价值逐步提升，农户施用有机肥机会成本越来越高，农户更不愿费时费力使用农家肥。

施用有机肥没有外部性内部化。施用农家肥可以解决粪便对环境造成的污染，保持整个农业生态体系的平衡，有益于绿色和有机食品的发展，具有经济、环境和社会效益，这种正的外部性并没有受到重视和激励，相反，畜禽粪便到处排放和堆积，对水体、空气、农田生态及病菌传播等危害也没有得到有效遏制。也就是说，是否使用有机肥对周边生态环境的正、负外部性并没有内部化，没有对负外部性的物品进行税收或惩罚，也没有对正外部性的物品给予补贴和奖励，以便使个人和社会成本收益达到一致性。在某种程度上，造成农户使用有机肥积极性不高。

（三）从企业生产角度分析

肥源差，有机肥产品质量不高。目前，在畜禽养殖饲养过程中，其饲料添加剂质量标准不够严格，随着饲料工业的发展，一些新型畜禽饲料添加剂中含有铜、砷、汞、硒等重金属元素；为防止畜禽养殖中的多发性疾病，我国已有17种抗生素、抗氧化剂和激素类药物和11种抗菌剂作为饲料添加剂用于喂养畜禽。据测算，全国仅从养殖场的猪粪中每年带入土壤的就有砷230吨、铜2400吨、锌90000吨、铁40000吨[①]，这些都会导致商品有机肥的原料受到污染，使肥效差、产品质量不高。

商品有机肥生产和使用配套技术较落后。目前，研究区商品有机肥企业生产技术较落后，主要表现在：一是企业规模较小，厂房简陋。企业堆置有机肥的占地面积有限，约束企业发展规模；二是企业由于缺乏配套资金，生产设备相对落后，有些环节仍需要人工操作，增加劳动成

---

① 黄鸿翔、李书田、李向林等：《我国有机肥的现状与发展前景分析》，载于《土壤肥料》2006年第1期。

本；三是原料单一，企业生产有机肥原料大部分以畜禽粪便为主，而大量的农作物秸秆及城镇生活垃圾还未充分利用；四是有机肥发酵方式落后。大多企业采用平地堆制和发酵槽发酵，发酵周期较长，有机肥产品高效化程度低。农户经营规模小，单户家庭大多缺乏运输设备，由于有机肥本身"三低三大"等特征，因而在运输和使用过程中存在一定困难。

商品有机肥成本较高，价格无竞争优势。从成本收益角度来看，农户在使用商品有机肥时，在同等投入条件下，有机肥所产生的增产在短时期内并不明显；与化肥相比，有机肥的价格并没有竞争力。根据辽宁省 2009 年调查的 79 家有机肥生产企业，其产品价格在每吨 500～1000 元的企业占总企业数的 62.2%[①]；在研究区调查显示，企业生产精制有机肥价格为 700 元/吨，按每亩平均施用 1 吨精制有机肥来算，其成本为 700元；同样的条件下，尿素化肥的现价约为 2500 元/吨，按每亩平均施用150 公斤来算，其成本只有 375 元，远低于施用有机肥的成本费用。有机肥价格无竞争优势的另一原因为有机肥的正外部性没有在价格中体现出来，有机肥施用过程中体现出的环境和社会效益为全社会所共享，但其成本却由农户自己承担。另外，前面所提到的有机肥自身特征的不足，有机肥与化肥在市场上很难有竞争优势。

（四）从政府管理角度分析

农业政策和环境政策制定脱节，执行过程不到位。从农业政策制定来说，其根源在于只重视产量和产值，而不管土壤是否板结，生态环境是否破坏。另外，农村土地属于集体所有，耕地的承包期虽为 30 年，但存在不确定性，大多农户缺乏稳定感。由于环境部门并非农业部门的核心职能，畜禽粪便的污染防治在政策目标中没有完全体现，再加上财力和物力限制，环保部主要职能是加强城市工业污染防治，而对畜禽养殖的环境管理没有落实到位，环境污染防范管理还相当薄弱，最终逐渐形

---

① 宋丹：《辽宁省 2009 年畜禽养殖场有机肥资源及其利用状况》，载于《土壤通报》2012年第 2 期。

成农业产量不断增加、农田土壤肥力不断衰竭、农村生态环境不断恶化的局面。

畜禽养殖场规范化和标准化管理缺失，相关法律法规不完善。为减少规模化养殖畜禽粪便对周围环境污染，许多发达国家都通过立法对畜禽养殖进行规范化管理。例如，大多数欧盟国家严格规定每公顷饲养畜禽的数量，以控制农地对粪尿的消纳能力，要求农户根据养殖数量建立能贮存粪尿设施，并根据土壤所需的养分量，估算周围农地需要肥料数量，按照指标严格配置，对污染物排放总量控制进行环评监测等。目前，我国还没出台相应法律和法规，虽然在 2001~2002 年出台了《畜禽养殖污染防治管理办法》《畜禽养殖污染排放标准》和《畜禽养殖业污染防治技术规范》，但其操作性不强，在具体生产过程中实施难度较大。

有机肥行业支持政策缺位，监管法规不健全。有机肥具有的正外部性没有完全通过补贴和奖励政策体现出来。如对有机肥企业和农户给予税收、信贷、补贴和用地等优惠政策。虽然从 2006 年起，中央和地方政府开始对农户使用有机肥进行补贴，但由于农户对有机肥重要性认识不足和监督机制不完善，很多地区政策并没有落实到位；有机肥市场监管不到位，抽样检查浮于形式，监管队伍的专业知识和素养有待提高；各地财政资金投入有限，地方领导对有机肥工作重要性认识不足等原因，在很大程度上限制有机肥工作开展和落实。

（五）从市场角度分析

有机肥市场较混乱，质量参差不齐。据研究区有机肥企业人员反映，目前，国内有机肥市场较为混乱。有机肥产品质量参差不齐，由于有机肥生产行业准入门槛较低，有些投机商为降低生产成本，在有机肥制作中加入大量的碳素含量很高而养分含量不高的肥料，这种碳素并非来自有机质，而是风化煤或褐煤粉（腐殖酸）充数，它们不是真正的有机质，养分含量低，无改良土壤的效果，供应养分的作用不明显，造成有机肥假冒伪劣产品充斥市场，市场竞争无序。另外，有机肥行业质量标准不高。一是有机肥质量控制标准不全面，仅是从氮、磷、钾的养分含量与作物需求等理化指标来考虑，没有用碳氮比来衡量其发酵程度；二是质量控制标准较落后，如有机肥重金属标准仍由1987年颁布，而发达国家标准更新频率快。

有机农产品认证体系标准不健全，监管体系薄弱。有机农产品市场标准化和规范性是扩大有机肥产品市场需求的重要手段。有机农产品产业链的重要环节之一是有机产品的认证，而目前国内有机产品认证体系还不健全，有机农产品认证多数流于形式，甚至有些企业急功近利，通过不正当手段直接购买，造成有机农产品生产企业对有机肥购买和施用意识淡薄，同时，这些现象造成市场上假冒伪劣有机农产品现象时有发生，扰乱有机农产品市场秩序。由于有机农产品生产的整个产业链条分别由不同相关部门管理，各部门间的协调和沟通难度较大，另外，在有机农产品市场监管方面，还存在质量抽查不到位、奖罚不明、监管队伍专业素养亟待提高等问题，这在某种程度上进一步压缩有机肥产品市场需求空间。

第四节 本章小结

本章分别从农户循环农业技术采用效率对比、秸秆资源化利用潜力及效益和畜禽粪便资源化利用潜力及效益进行分析，得出以下结论：

首先，在农户采用循环农业生产技术效率方面。玉米种植农户采用秸秆还田生产方式比没有采用秸秆还田的综合效率平均高8.59%，纯技术效率平均高6.94%，规模性效率平均高1.84%，肉牛养殖农户采用酒糟养牛的生产方式比没有采用酒糟养牛的综合效率平均高5.71%，纯技术效率平均高6.43%，规模性效率平均略低0.70%，从整体上来讲，农户采用秸秆还田和酒糟养牛循环农业生产技术是相对有效率的。

其次，在研究区秸秆资源化利用方面。在概述秸秆资源化利用现状的基础上，利用草谷比法、能源转换系数法以及秸秆养殖肉牛估算模型，对2006～2013年农作物秸秆产量及其资源价值进行估算，同时以2013年农作物秸秆产量为例，估算出秸秆养殖肉牛潜力数量，研究结果表明：

（1）2006～2013年，研究区主要农作物秸秆资源价值在存量和增量上均呈现波动性增长趋势；从阶段特征来看，2006～2010年，农作物秸秆资源价值的存量和增量上呈现"先上升、后下降"的趋势；2010～2013年，农作物秸秆资源价值在存量和增量上呈现快速增长态势。

（2）2013年研究区主要农作物秸秆资源量约为691465.32吨，如果按全国农作物秸秆平均饲用率31%计算，则可养殖肉牛数量约为47.24万头；如果按辽宁农作物秸秆平均饲用率20%计算，则可养殖肉牛数量约为30.47万头；如果研究区农作物秸秆饲用率达到35%，则可养殖肉牛数量约为53.33万头。如果秸秆饲用率增加10%，相应可养牛数量增加10%，农作物秸秆养牛前景可观。

（3）概述了研究区农作物秸秆资源利用现状，农作物秸秆综合利用的结构不尽合理，综合利用程度偏低，总结了农作物秸秆资源利用中存在的主要问题及原因：一是农民对秸秆资源利用积极性不高，外部性没有内部化；二是秸秆资源利用企业产业化水平低；三是秸秆综合利用技术水平不高，适用技术和推广方面尚未成熟；四是对农民秸秆综合利用缺乏相应的政策支持。

最后，在研究区畜禽粪便资源化利用方面。在描述畜禽粪便资源化利用现状的基础上，对2006～2013年畜禽粪便排放量进行估算，对比同期畜禽粪便排放量和施用化肥所含养分总量之间关系，分析畜禽粪便资源化利用程度低等问题，得出以下研究结论：

（1）研究区畜禽粪便资源总量为129.23万吨，商品化有机肥资源仅占总量的8.13%，农民直接购买用于传统肥料占总量的55.87%，闲置丢弃畜禽粪便约达36.00%，有机肥资源浪费较大，畜禽粪便污染较为严重。

（2）2006～2013年研究区养殖业主要畜禽粪便所含养分（氮、磷、钾含量）相当于同期该研究区施用化肥量的43.16%、49.70%、47.19%、51.03%、59.84%、66.55%、71.41%和77.32%，平均替代率为58.28%，从总体上看两者之间替代率呈上升趋势。如果畜禽粪便资源充分合理利用，不仅降低化肥使用成本，减少能源消耗，而且改良土壤结构，增强土壤肥力，减少环境污染，促进农产品产量增加，改善农产品品质，创造经济价值，可以说，畜禽粪便资源化的充分利用是农业走绿色、循环、低碳、可持续发展道路的基本保证，说明研究区畜禽粪便资源化利用潜力巨大，在农业废弃物资源循环利用方面还存在较大空间。

（3）关于畜禽粪便资源化利用程度低的主要原因：一是由于畜禽饲养数量迅速增长，养殖业与种植业日趋分离，导致大量畜禽粪便堆积和排放，不能及时就地消纳利用；由于有机肥料本身的"三低三高"特征、肥源差、相对价格高，商品有机肥企业的生产和配套技术落后等因素阻碍了有机肥的施用和推广。二是农户施用农家肥的外部经济性没有受到重视和有效激励，经济激励不足和日益增加劳动力机会成本降低农户使用有机肥积极性。三是畜禽养殖场规范化和标准化管理不完善，有机肥行业准入门槛较低，质量标准不规范，有机肥和有机农产品市场监管不到位等进一步压缩其利润空间。

农业循环经济中农户行为理论分析与实证研究

第七章

结论与政策含义

第一节　结论

本书对循环农业中农户行为及其绩效进行了深入分析。首先，在经济学理论的基础上，分别构建了产前农户有机肥投入选择决策模型、产中农户循环农业技术采用行为模型及产后农户农作物秸秆处置行为模型，同时，对农户与循环农业相关利益行为主体（包括农户、企业和政府）之间进行博弈分析，以探讨各行为主体间相互作用和影响机理。其次，根据研究区实地调研数据，描述统计了循环农业发展现状、农户参与循环农业行为及循环农业发展外部环境及评价，并对农户参与循环农业行为的影响因素和机理进行分析。最后，分析了种植农户和养殖农户分别采用秸秆还田和酒糟养牛技术的生产效率，进而验证采用循环农业技术生产的有效性。同时，估算出研究区农作物秸秆资源价值量和秸秆养牛的潜力数量，并测算出畜禽粪便有机肥资源对化肥替代的巨大潜在利用价值，从而得出以下几点结论。

第一，从模型构建与理论分析来讲，在农户有机肥投入选择行为决策分析中，一般在有利可图的情况下，农户对有机肥投入行为与农作物增产率存在正相关影响，与施用有机肥增加的额外成本存在负相关影响，农作物价格的波动幅度往往会对农户有机肥选择行为的积极性产生影响；在农户循环农业技术采用行为模型分析中，基于"理性人"假设，农户会对采用循环农业技术的预期成本和预期收益进行比较，当预期收益大于预期成本时，对农户有正向激励作用，反之亦然。只有在农户对循环农业充分了解的基础上，农户的内在需求与农业废弃物利用自身具有的价值和资源能力相互匹配，并且农户自身承受的外部环境对其形成一种正向激励的情况下，农户才能积极主动地采用循环农业技术，做出理性的最大化行为选择。

在农户农作物秸秆处置行为模型分析中，农户秸秆处置行为决策受农户家庭特征、生产状况及外部环境等因素约束，对农户行为动机和目标产生影响，导致农户对秸秆处置行为方式的差异，一般来讲，在农户处置秸秆有利可图的情况下，劳动力价格与农户处置秸秆行为存在负相关影响，资本投入价格与农户处置秸秆行为也存在负相关影响，农户农业经营能力强，会增加农户处置农作物秸秆的数量，农户家庭资源禀赋增加，会提高农户处置农作物秸秆的数量；在农业废弃物资源化利用模型分析中，从外部性理论角度来看，边际社会收益 MSR 大于边际私人收益 MER，边际社会成本 MSC 小于边际私人成本 MEC，并且社会农业废弃物资源化最优数量水平 Q_s 大于私人农业废弃物资源化最优数量水平 Q_e，政府可以通过制订公共政策来增加私人农业废弃物资源化利用最优化数量 Q_e，另外，技术进步对推动农业废弃物资源化最优数量水平的增加也起着重要作用。

在农户与循环农业相关利益行为主体博弈分析中，农户参与循环农业所得收益和政府激励机制是影响农户对循环农业发展的关键因素；农户和企业均为有限"理性经济人"，当存在合约不规范、信息不对称和市场环境变化时，双方易产生违约行为或机会主义倾向；农户与农户之间是否参与循环农业生产方式的决定因素是经济效益。

第二，从研究区农户参与循环农业行为调查分析来看，受访农户对循环农业认知程度普遍偏低，对循环农业信息的了解主要是通过电视广播、村委会宣传及亲朋好友途径获取。在农户生产投入行为中，约有70.59%的受访农户愿意多施用农家肥或有机肥，少施用化肥，而回答不愿意的农户数约占29.41%；调查还发现，近3成受访农户表示由于连续大量施用化肥和农药，明显感到农田土地肥力开始逐渐变差，但是仍有近3成的农户表示为了提高粮食产量，未来还将增加化肥施用量。在农户施用农药方面，约有75%的农户是严格按照说明书用量使用农药的，但还有20.59%的农户比说明书标准用量平均高29.45%的用量施用农药，这种行为会增加食品安全隐患。在施用生物农药方面，其使用途径主要还是通过政府无偿推广使用，在197户施用生物农药农户中，有34.01%的农户表示生物农药防治效果较好。在107户使用地膜的农户中，大多数农户表示地膜对农业产量有较大作用。只有近4成的农户对无公害农产品比较了解，其对无公害、绿色和有机农产品的认识程度偏低，并且即使有的农户从事了无公害农产品，但与同类一般产品相比，其价格优势并没有体现出来，这会降低农户无公害农产品生产的积极性。

在农户对技术学习意愿方面，约有8成的农户表示愿意学习农业技术，近6成的农户认为较容易获得农业技术。农户获取气候信息途径最多的是通过电视或广播，其次是通过网络和手机短信获取；农户获取种养殖技术信息途径最多的是通过自学，其次是通过亲朋好友和商贩来获得；农户获取政策信息途径最多的是通过村委会，其次是通过电视或广播以及亲朋好友获得。农户在采用某种新技术或新品种时，最先考虑的因素为是否高产，其次为是否品质好，再次为价格是否有保障，其他依次为气候条件是否适宜、销路是否有保障、是否抗病虫害、投入成本是否高以及政府是否给予补贴。近6成的受访农户表示获取信息能力有较大提高，近6成的农户表示农机推广站所起的作用不太明显；在政府技术部门向农户提供服务时，农户最愿意接受的方式为现场生产指导，其次为技术培训和讲座，再次为发放技术手册。在农户对农业技术部门改进评价方面，选择最多的为增加田间技术指导次数，其次为增加技术部门培训次数，再次为多推介新品种，其他依次为多发放技术手册、增加技术人员数量和提高其工作效率。

在环保意识与相关行为方面，大多数农户对村周围环境的满意度较高，表示村周围环境状况较好，近8成农户认为近五年村周围环境有变好的趋势；在农户生活废弃物处理方面，近8成的农户认为生活垃圾处理有专门垃圾堆放点，近4成的农户表示生活废水处理有专门下水通道，近7成农户的厕所粪便作为农家肥施用。在生产废弃物处理方面，农户对农作物秸秆处置有近一半用于生活燃料和饲料，其次为销售；农户对畜禽粪便处置有近6成农户用作农家肥，其次是闲置丢弃；农户对农药塑料包装及农膜处置有近3成选择焚烧，其次有近3成选择就地丢弃，而卖废品或送垃圾回收站的农户仅占2成。

在循环农业发展外部环境评价中，大多数农户对公共基础设施和农田水利设施以及乡村交通便利表示比较满意。在受访农户中，约8成农户农业灌溉使用地下水，大田灌溉方式近6成农户用电力灌溉，不缴水费的农户大多是自家打井进行灌溉，约9成农户表示灌溉方便。在农户生活饮用水水质方面，约有7成农户表示饮用水水质较好。在农户对农业合作社与周边企业带动作用评价中，农业合作社对合作社人员的作用较为明显，而周边涉农企业带动农户的作用并不明显。在农户对政府主要职能评价中，近7成的受访农户表示广播电视及通信服务效果较好，而在农产品销售渠道拓展服务、标准化生产服务和信贷服务方面，大多数农户表示效果不太明显。

第三，从农户参与循环农业行为及其影响因素分析来看，在产前农户有机肥投入选择行为影响因素分析中，不同影响因素对农户有机肥投入选择意愿的作用方向、影响程度及显著水平表现不同，其中家庭人均收入、种植结构、土地肥力特征、上年农产品价格和农产品质量安全认知对农户有机肥投入选择意愿具有显著正向影响，按其显著性水平及影响程度排序为地理区位、农产品质量安全认知、种植结构、上年农产品价格、土地肥力特征、家庭人均年收入；技术指导和距县城距离对农户有机肥投入选择意愿具有显著负向影响，按其显著性水平及影响程度排序为距县城距离、技术指导。

在产中农户循环农业技术采用行为及其影响因素分析中显示，研究区受访农户采用循环农业技术的参与度较低，而农户是否采用循环农业技术，不仅取决于农户个体及家庭特征因素，而且与当地生产状况及外部环境因素密切相关，其中，户主受教育程度、人均耕地面积、家庭人均年收入、循环农业认知程度、技术指导和信贷支持是影响农户采用循环农业技术的重要因素。户主文化程度越高，农户人均耕地面积越多，家庭人均年收入水平越高，对循环农业认知程度越高，接受新技术指导越容易，信贷支持获得越容易，农户就越倾向于采用循环农业技术。另外，户主务农年限对农户采用循环农业技术有较显著负向影响，农户对环境关注程度和信息获取能力对农户采用循环农业技术有较显著正向影响。

在产后农户农作物秸秆处置行为模型分析中显示，研究区农户秸秆处置方式仍以传统农业利用为主，秸秆综合利用程度不高。人均耕地面积、家庭人均年收入、技术指导、信息获取能力是影响农户秸秆处置行为方式的重要因素。户主受教育程度越高，农户人均耕地面积越多，家庭人均年收入越高，对环境关注程度越高，接受新技术指导越容易，信息获取能力越强，当地公共基础设施越完善，农户对秸秆综合利用程度就越高。另外，农户性别、村距县城距离对农户秸秆处置行为有明显作用；外出打工人数对农户秸秆处置方式有显著影响，但与本书研究假说相悖；养士堡镇的受访农户处置秸秆行为方式显著异于城郊乡。

第四，从农户循环农业技术采用及废弃物利用绩效评价来看，玉米种植农户采用秸秆还田生产方式比没有采用秸秆还田的综合效率平均高8.59%，纯技术效率平均高6.94%，规模性效率平均高1.84%；肉牛养殖农户采用酒糟养牛的生产方式比没有采用酒糟养牛的综合效率平均高5.71%，纯技术效率平均高6.43%，规模性效率平均略低0.70%，从整体上来看，农户采用秸秆还田和酒糟养牛生产技术是相对有效率的。

在秸秆资源化利用方面，2013年研究区主要农作物秸秆资源总量为69.15万吨，相当于标煤总量41.29万吨，相当于沼气产量2.50亿立方米，其秸秆资源化价值利用潜力巨大。目前，农作物秸秆综合利用程度偏低，近一半秸秆仍为传统农业利用方式，秸秆资源化利用质量不高。2006～2013年，从整体上来看，农作物秸秆产量呈波动性增长态势，在秸秆养殖肉牛潜力方面，当秸秆饲用率为全国平均水平31%时，估算研究区秸秆养殖肉牛总数为47.24万头；当秸秆饲用率为辽宁省平均水平

20%时，估算研究区秸秆养殖肉牛总数量为30.47万头；当秸秆饲用率为35%时，估算研究区秸秆养殖肉牛总数量可达到53.33万头。在畜禽粪便资源化利用方面，2013年研究区畜禽粪便有机肥资源总量为141.38万吨，其中农户直接购买用于传统农家肥约占55.87%，闲置丢弃畜禽粪便资源约占36%，生产商品有机肥仅占总量的8.13%，畜禽粪便有机肥资源浪费较大。2013年畜禽粪便总量中含氮、磷、钾养分总量为23072.04吨，与其同期化肥施用量中总养分量29838吨相比，前者所含养分量相当于后者同期农业化肥施用量的77.32%，也就是说，同期农业化肥施用量的77.32%可以用畜禽粪便有机肥料来替代。同时，从2006～2013年畜禽粪便所含养分量替代同期农业化肥施用量来看，总体上来讲两者之间替代率呈上升趋势，这充分显示了农业废弃物资源的巨大潜在利用价值。

第二节 政策含义

本书着重从产前、产中和产后的角度分析了农户参与循环农业行为的主要影响因素和作用机理，并且对农户循环农业技术采用及废弃物资源化利用绩效进行评价，以期探求提高农户参与循环农业工程积极性，加大农业废弃物资源化利用程度，根据以上研究结论，得出以下相应对策建议：

（一）农户参与循环农业相关行为主体间博弈分析对策建议

在循环农业发展中农户与各利益主体行为关系方面，一是政府在发展循环农业规划中要做好顶层设计者角色，积极鼓励并引导企业与农户投资和参与循环农业经济，对实施循环农业生产方式的农户，政府应给予补贴和奖励等优惠政策；做好循环农业宣传教育和环保观念转变工作，对未实施循环农业经济并造成生态环境破坏的农户，政府应加大监管力度，积极组织开展"政产学研"合作，为循环农业经济发展提供技术支撑和资金支持。二是完善契约条款内容，增加违约成本，企业应采取合理价格收购条款，例如采取"保底收购，随行就市"原则，这会改善农户抗市场风险能力，进而降低合约违约率，同时企业要有风险化解机制，例如参与农业保险和期货农业等措施来有效规避风险。三是通过农业废弃物利用技术创新，提高农业废弃物资源的经济价值，改变农户处置农业废弃物的成本—收益模式，提高资源利用效率，增加农户经济收益，才能够提高农户采用循环农业技术的积极性和主动性，形成一种良性的"经济性"循环农业。

（二）农户参与循环农业行为相应对策建议

第一，合理规划农业区域发展，因地制宜发展无公害、绿色和有机农产品。俗话说"一亩园，十亩田"，是指种植棚菜果园比种大田作物收益高很多，政府推动农户棚菜等经济作物规模化经营，为提高农产品品质，高质高价，获得品牌效应，就必然会引导农户多施用农家肥或有机肥，少施用化肥。在设施农业中，大量灌溉用水往往会导致化肥养分量大量流失，而相对于有机肥来说，不但能够改良土壤，增长肥效，降低病虫害率，而且可以增加产量，改善农产品质量，进而增加农户收益，渐进式地发展无公害农产品和绿色产品循环农业生产模式，同时也为有机农业发展奠定基础。

第二，加强政府宣传教育，强化农户环境保护意识和农产品质量安全意识，提高农户对循环农业认知度，发挥典型示范带动作用。具体措施为：发展农村义务教育，提升农户文化素质，改变农户传统农业生产行为，引导农户进行循环、绿色、低碳农业生产；推广和普及循环农业知识和理念，强化农户对发展循环农业重要性认识，增强农户环境保护和节约资源的责任意识，建立与循环农业相适应的生产观和消费观；政府可通过多种途径对农户加强农业环保知识普及，提高农户生产无公害农产品的接受程度和意愿，使农户及时学习和掌握循环农业发展模式及经验。

第三，加大农业废弃物综合利用技术创新，强化农户循环农业技术指导和培训力度。目前农业废弃物利用方面，缺乏的是能够把农业废弃物价值上升，降低应用成本的实用技术，循环农业的发展，不单单只是循环链中的物质循环，同时，更重要的是也要达到一种经济价值的循环，让老百姓从中获得实实在在的利益，才能够自发主动地利用农业废弃物。由于农业技术研发和创新的前期成本高，风险大，外部性较大，个人和私人企业创新动力缺乏，政府应该担负技术研发和推广普及的任务，例如，实地调研发现，由于单户沼气生产不经济，需要资金和技术的投入，并且农作物秸秆原料有季节性限制，再加上东北地区气候寒冷、产气率低等原因。农户前期在政府的资助下所建立的沼气池，大多已经报废，实施效果不理想，若以一个村或几个村为单位，建立统一供气设施集中站，统一铺设管道，农业废弃物集中处理，就能够充分发挥规模经济，降低和节约交易成本，并且可解决供气不稳定问题，实地调研中，冷子堡镇的社甲村生物质垃圾气化集中供站就是很好的示范。在有机肥施用技术的创新和推广方面，农户自身素质对农户施肥决策行为有重要影响，但由于目前农户文化程度普遍较低，即使农户有一定的生产经验，但对科学施肥技术了解程度还不够全面，特别是在测土配方技术和有效控制肥料养分释放速率与植物养分吸收率相匹配技术方面，更需要专业的农业技术人员对农户进行培训和指导。

第四，建立良好的农户参与循环农业发展的外部环境条件。一是通过市场调控，及时准确向农户提供农产品价格信息，稳定农产品物价；二是建立多元化融资渠道，加大循环农业资金投入和财政支持，可建立生态农业专项资金，以开展循环农业规划、技术研发和推广、示范项目和宣传等活动；三是在循环农业相关主体之间搭建信息交流平台，及时公开循环农业发展政策、环境、技术、产品市场和企业财务等信息，为循环农业相关主体间的信息公开和信息共享提供保障。通过农户、企业、政府的优势互补，强强联合，建立一个符合当地实际情况的、因地制宜的循环农业产业体系，从而达到经济效益、社会效益和环境效益三统一；四是完善农村环保基础设施建设，尤其侧重于交通、农田水利、电力及通讯等方面，为实施循环农业顺利推进奠定基础。

（三）农作物秸秆资源化综合利用相应对策建议

一是政府应加大对农作物秸秆综合利用宣传教育，提高农户对秸秆资源价值认知度。农户的认知行为对是否采用循环农业新技术有重要影响，主要还在于采用新技术存在风险不确定性，加上前期采用新技术需要增加额外新成本，这也从另一方面体现出政府宣传的重要性，首先，要加大对农户焚烧秸秆危害的宣传，使农户认清采用秸秆还田技术的益处，了解其自身行为具有"外部效应"，使其综合利用秸秆资源。其次，宣传的方式要多种多样，可以通过村委会宣传，发宣传手册、与农民开座谈会、科普培训、开办文化娱乐广场的形式进行贴标语、挂横幅和义务讲解等形式。

二是对参与农作物秸秆资源化利用行为的农户给予相应的财政补贴和奖励。据调查显示，政府对秸秆还田的补贴对象大多是种田农机手或农机服务组织，且补贴金额偏低，这显然不利于提高综合利用秸秆的积极性，政府应适当调整补贴对象，针对农户本身给予更多秸秆综合利用的补贴和支持，在补贴方向上，加大对秸秆打捆机等配套设施的补贴力度。

三是加大农作物秸秆综合利用技术研发力度，进行技术示范和推广。面对目前政府实行秸秆禁烧制度的"失灵"，农户作为"理性经济人"，最根本的原因是没有改变农户处置秸秆的成本—收益模式，而要增加秸秆综合利用的经济价值，一种有效的方式就是通过技术创新来提高农民秸秆收益，如研发旋耕机械的秸秆灭茬技术、秸秆燃气及沼气技术、生物质燃料技术等，秸秆技术的进步和创新能够降低秸秆利用成本。同时，政府应给予秸秆企业在研发上的资金支持，并向农户推广和普及秸秆资源化利用技术。

四是加快农作物秸秆产业化发展，因地制宜地建立以企业为龙头，以农户为主体，以农业合作社为纽带的秸秆资源化利用循环模式。秸秆自身由于体积大而分散，密度低，收集成本高，且具有季节性等特点，再加上农户嫌费劳力不愿意收集，这对保证秸秆加工企业的原料稳定性是一种障碍，因此，政府有必要建立综合秸秆储运体系，通过农户、专业合作社和企业相互合作形成利益联盟，统一收集运输秸秆，不但保证农户销路，稳定秸秆企业原料来源，而且能够减少交易成本，增加农户就业机会。

（四）畜禽粪便资源化综合利用相应对策建议

一是加强畜禽养殖场规范化和标准化管理，健全相关法律体系。建立和完善畜禽养殖环境管理和技术体系。从管理控制方面，要严格执行"三同时"制度，即规模化畜禽养殖场应与环境保护设施同时设计、同时建设施工和同时投入使用。在畜禽养殖场建设初期，加强科学规划布局，完善环保设施建设，使地区畜禽养殖品种和数量与周围环境承载能力相匹配。严格控制畜禽饲料添加剂质量和用量标准，防止畜禽粪便中重金属污染；从技术控制方面，要建立种养业紧密结合的生态工程。实现畜禽养殖业的可持续发展，必须使城郊区规模化畜禽养殖场从封闭状态解脱出来，运用生物技术与工程技术综合利用畜禽废弃物，实现种养业相互结合和协调的良性循环农业。国家于 2013 年 11 月 11 日颁布《畜禽规模养殖污染防范条例》，这是首次在国家层面上专门的农业环境保护类法律法规，也是畜禽粪便环境污染治理和畜牧生态文明建设的重要里程碑，应该大力宣传，贯彻落实。

二是强化技术攻关，解决企业有机肥料资源化利用关键技术。积极组织开展"政产学研"相互合作，为企业发展提供技术支撑和资金支持。通过相关优惠政策，扩大企业规模，引进先进技术设备，进行生物菌、发酵方法和工艺流程等技术研究，遵循"资源化、减量化、无害化"原则，降低生产成本；普及和推广科学积肥技术，降低肥源养分损失量，确保有机肥质量，加大对农户使用有机肥技术科学指导。

三是政府提供优惠政策和财政扶持，使有机肥经济正外部性内在化。有机肥生产和施用，既减少环境污染，又维持土壤养分平衡，保护生态环境，具有社会公益性。但目前商品有机肥企业处于起步阶段，其产品市场占有率低，资金和技术缺乏，使企业发展后劲不足，政府应给予相关贷款、税收、用地和价格等支持政策，鼓励企业生产有机肥，降低有机肥和有机农产品的价格，加大宣传力度，使畜禽粪便资源化利用变成一项环境工程、社会工程，引导农户使用有机肥，吸引消费者购买有机农产品，通过引入市场机制和增加需求带动有机肥行业，促进循环农业良性发展。

四是强化有机肥市场规范化管理，提高准入门槛和质量标准。依据《有机无机复混肥料》和《商品有机肥料》行业标准，规范化管理和监督，一方面定期对产品质量抽样检查，取缔生产不合格企业；另一方面强化市场监管，对进入市场有机肥和有机农产品层层把关，严格审核。提高有机肥行业准入门槛，淘汰落后产能企业，鼓励企业引进新技术和新工艺；提高有机肥行业质量标准，修改有机肥各项标准，与国际标准接轨。完善有机农产品认证机制，加强各管理部门的协同合作，对认证企业不定期抽查，确保认证有效性和真实性。加大宣传力度，提高消费者对有机农产品的认知度，倡导绿色消费。

五是积极出台一系列管理手段，进行宏观性政策引导。畜禽粪便的资源化利用是一项综合性管理，从畜禽养殖业到有机肥行业，再到有机农产品市场，涉及产业链条中各个方面，应全方面加以配套实施，具体包括：①用农业和环境政策一体化战略走可持续农业道路，调整产业结构，特别是建立种养平衡一体化有机农业、生态农业和循环农业生产体系。②增加整个循环产业链上的综合补贴，如加大畜禽粪便资源综合利用技术扶持力度，对畜禽养殖建设项目的环境评估成本给予补贴；各级政府对畜禽养殖示范企业给予奖励等。③小城镇发展与周边畜禽养殖环境管理相结合，统筹规划经济发展和环境保护，实现合理规划。④加强宣传教育，提高养殖者、生产者、农户和各级领导环境保护意识，发挥典型示范和带动作用。

第三节　研究不足及展望

一、研究不足

（1）调研数据上的制约。本书对研究区实地调查是一次性截面数据，虽然对农业废弃物资源化利用方面部分地利用《沈阳农村统计年鉴》和《沈阳统计年鉴》面板数据，但若能获取农户参与循环农业行为动态变化的面板数据，将更有助于提高研究结果可信度。

（2）研究区域上的约束。本书只以单个典型研究区的受访农户作为研究对象，并没有选择其他省份的相关研究区域受访农户作对比分析，从某种程度上来说，其普适性和代表性略显不足。

（3）研究内容上的不足，针对养牛农户采用酒糟养牛技术测算生产效率时，从实地调研来看，因收集养牛受访农户数量不多，可能在对比分析生产技术效率时，其代表性受到一定约束，其研究结果的检验还有待充实调查数据后做进一步分析。

二、研究展望

本书主要从农户参与循环农业的产前、产中和产后行为剖析了主要影响因素和作用机理，从农户循环农业技术采用及废弃物资源化利用绩效方面，阐述并对比分析农户采用不同循环农业技术效率的有效性，并估算出农业废弃物资源化利用发展潜力，但是从整体上来看，循环农业工程本身是一项系统性工程，涉及各个相关利益主体行为之间的相互作用和相互影响，其本身还系统地包括循环农业理论发展问题、循环农业中各产业之间生产模式规划问题、循环农业主体行为间产业链稳定性问题、循环农业废弃物利用技术体系问题等方面，这些都是需要后续进一步突破和完善的地方。

另外，本书把受访农户作为所谓"白箱"进行研究，而对农业专业合作社、企业和政府管理部门等相关行为主体作为"黑箱"看待，但从系统整体优化的角度来看，应该着重从整体与部分之间、整体与外部环境之间的相互联系和相互作用中，综合考虑各个相关行为主体之间的影响机理和作用方式，因此，对农业专业合作社、企业、政府等相关行为主体参与循环农业行为及相互作用还有待进一步研究。

附录 农业循环经济调查问卷

农户调查问卷（Ⅰ）

问卷编号：_____ 调查地点：_____县_____乡（镇）_____村

调查员：_____ 调查日期：_____年_____月_____日

受访者姓名：_____ 联系电话：_____

A 农户家庭情况

A1 农户家庭基本信息

01. 您家有___口人，其中劳动力___人，务农劳力（务农不少于 3 个月）___人，外出打工___人。

02. 您家户主情况：性别___（①男 ②女），年龄___岁（①30 岁以下 ②30~40 岁 ③41~50 岁 ④51~60 岁 ⑤60 岁以上），文化程度___（①小学及以下 ②初中 ③高中及中专 ④大专及以上），务农年限___年。

03. 去年您家口粮田为____亩，租入（承包地）____亩，租入地主要用于_____、_____生产，租金为____元/年；租出（转出地）____亩，租出地主要用于_____、_____生产，租金分别为_____、_____元/年。

B 农户种植业投入与产出情况

B1 种植业投入情况

名称	水稻	玉米	蔬菜	花生	大豆	薯类	苹果	其他
耕地面积（亩）								
生产资料投入（元）								
机械作业费用（元）								
劳动用工（工日）								

注：生产资料投入，即农户农作物种植中有关生产资料的投入费用，主要包括种子、肥料和农药投入费用；机械作业费用，即农户租赁机械作业费用；劳动用工，即农户经营中所投入的劳动力工日，按每日工作 8 小时计。

B2 种植业产出情况

名称	水稻	玉米	蔬菜	花生	大豆	薯类	苹果	其他
总产量（公斤）								
平均价格（元/公斤）								

B3 生产过程投入产出情况

01. 目前您觉得农田肥力和 5 年前相比怎么样？（   ）

（1）比以前好　　　　　（2）差不多　　　　　　（3）没以前好

02. 如果在生产中让您少用化肥，多用农家肥或有机肥，您是否愿意？（   ）

（1）愿意，原因：＿＿＿　（2）不愿意，原因：＿＿＿　（3）无所谓

03. 按照目前状况，您以后农业生产中对化肥、农药施用量将要如何变化？（   ）

（1）比说明书少用量　　（2）按照说明书用量　　（3）比说明书多用量

03a. 如果会增加，原因是（   ）。

（1）可以增产　　　　（2）土地肥力下降，不增加就会减产

（3）见别人增加我也增加

03b. 如果会减少，原因是（   ）。

（1）化肥价格偏高，用农家肥　　　（2）减少环境污染

（3）以保持土壤肥力

04. 您是否认为化肥、农药会危害农产品质量和污染水环境？（   ）

（1）是　　　　　　　（2）否

05. 您在农业生产中是否使用地膜？（   ）

（1）是，种植农作物是＿＿＿　　　（2）否【跳至第 06 题】

05a. 如果使用，您是否觉得地膜对农业产量有作用？（   ）

（1）无作用　　　　　（2）作用较小

（3）作用一般　　　　（4）作用较大

（5）作用很大

06. 从整体来看，您家上年农产品价格变化趋势是（   ）。

（1）价格下降　　　　（2）价格不变　　　　（3）价格上升

C 农户养殖业投入与生产情况

C1 农户养殖业投入情况

名称	肉牛（头）	猪（头）	羊（头）	家禽（只）	其他
仔畜数量（头）					
精粗饲料费用（元）					
劳动力数量（人）					

C2 农户养殖业产出情况

名称	肉牛（头）	猪（头）	羊（头）	家禽（只）	其他
出栏总产量（公斤）					
平均价格（元/公斤）					

C3 农户肉牛日食用饲料主要配比情况

饲料配料成分	精饲料			粗饲料（一）		粗饲料（二）
	玉米面	豆饼	棉油饼	酒糟	秸秆	秸秆
平均日采食量						
精粗饲料比例						

01. 如果您家里饲养畜禽，其畜禽粪便的处置方式为（　　）。

（1）作农家肥　　　　（2）销售给有机肥厂商

（3）闲置丢弃

02. 如果您家里养牛，要在村附近建立肉牛集中养殖区，实行统一管理，统一防疫，提供水电、牛舍等配套设施，牛粪归农户所有，并且对原有养牛场地给予一定补偿，实行居民区与养牛区分开，您是否愿意接受?（　　）

（1）是　　　　　　　（2）否【跳至第 D 题】

02a. 如果愿意，您觉得每年每头牛管理费的接受范围是（　　）。

（1）30 元以下　　　（2）30～60 元　　　（3）61～90 元

（4）91～120 元　　　（5）120 元以上

D 养鱼投入和产出情况

D1 养鱼投入情况

名称	苗种费	饲料	人员工资	池塘租金	水电燃料	鱼病防疫	基础设施
总费用（元）							

D2 养鱼产出情况

名称	鲫鱼	草鱼	鲢鱼	鲤鱼	鳙鱼	其他
产量（公斤）						
平均价格（元/公斤）						

E 农业生产影响因素分析

您觉得以下各个因素对家庭农业生产影响程度如何？

影响因素	影响程度	最重要因素
自然环境因素：①气候；②病虫害；③环境污染；④畜禽疫病		
市场因素：①生产资料供应；②产品质量；③产量；④价格；⑤成本；⑥销售渠道		
种养殖技术：①品种；②地膜；③化（农家）肥；④农药；⑤灌溉技术；⑥饲料		
政策因素：①政府鼓励；②补贴政策；③贷款扶持政策；④减免政策		

注：影响程度用数字1~5表示，分别代表很小影响、影响较小、影响一般、影响较大、很大影响。

F 非农收入情况

01. 去年您家非农收入中，打工收入＿＿＿元，种粮综合补贴＿＿＿元，土地征用补偿＿＿＿＿＿元，退耕还湿/林＿＿＿＿＿元，其他收入＿＿＿＿＿元。

G 农业生产和生活环境

G1 农村物质基础设施

01. 您对村里现有公共基础设施状况是否满意？（　　）

（1）不满意　　　　（2）不太满意　　　　（3）一般

（4）比较满意　　　（5）满意【跳至02题】

01a. 如果不满意，您觉得最需要改进的方面是（　　）。

（1）村道路建设　　（2）农田水利　　　　（3）环境污染

（4）饮用水改善　　（5）农村医疗　　　　（6）文化娱乐设施

01b. 如果要改善，你是否愿意参与村里公共基础设施建设？（　　）

（1）愿意　　　　　（2）不愿意【跳至02题】

01c. 如果愿意参与，您想用哪种方式参与？（　　）

（1）出工　　　　　　　　　　（2）出钱

（3）出工和出钱相结合　　　（4）其他_____

02. 目前，您村的农业生产用水来源于（　　　）。

（1）地下水　　　　　　　　（2）河水

（3）自来水　　　　　　　　（4）自然雨水

03. 您村的大田灌溉方式是（　　　）。

（1）电力灌溉　　　（2）人力浇水　　　（3）自流灌溉

（4）喷灌　　　　　（5）滴灌　　　　　（6）其他_____

04. 灌溉是否要交费？（　　　）

（1）是　　　　　　（2）否【跳至05题】

04a. 若缴费，缴费标准为_____元/亩，去年家里灌溉水费支出为

_____元。

05. 农田水利灌溉是否方便？（　　　）

（1）是【跳至06题】　（2）否

05a. 若不方便，是下列哪些原因？（　　　）

（1）没井水　　　　　　　　（2）没电抽水

（3）配套设施缺少　　　　　（4）地形原因

06. 您对村里目前的农田水利设施是否满意？（　　　）

（1）不满意　　　　　（2）不太满意　　　　（3）一般

（4）比较满意　　　　（5）满意

07. 对于目前的水利设施，您认为用下列哪种经营管理方式最适合？

（　　　）

（1）分地块村民合资管理　　　（2）村级水利协会管理

（3）村集体管理　　　　　　　（4）其他_____

08. 您觉得家里饮用水的水质如何？（　　　）

（1）差　　　　　　　（2）较差　　　　　　（3）一般

（4）较好　　　　　　（5）好【跳至09题】

08a. 如果水质较差，乡镇政府准备为该村建一个自来水厂，供给农户生活用水，并收取合理水费和排污费，您是否愿意参与？（　　　）

（1）愿意　　　　　　（2）不愿意，原因：＿＿＿＿＿＿＿

09. 目前，您家庭的生活饮用水来源于（　　　）。

（1）自来水，水费＿＿＿＿元/年　　（2）地下水　　（3）河水

10. 您家到集镇或市场的距离是（　　　）。

（1）100～500 米　　　　（2）501～1500 米

（3）1501～3000 米　　　（4）3000 米以上

G2 农户对农业生产科技和信息需求

01. 您是否愿意学习种养殖技术？（　　　）

（1）不愿意　　　　　（2）比较愿意　　　　　（3）一般

（4）愿意　　　　　　（5）非常愿意

02. 您获得种养殖技术难易程度如何？（　　　）

（1）无法获得　　　　（2）较难获得　　　　　（3）一般

（4）比较容易　　　　（5）容易获得

03. 对于农户获取生产信息途径，请回答以下四个问题：（多选）

（1）亲朋好友　　　　（2）电视或广播　　　　（3）农业技术推广站

（4）村委会　　　　　（5）农资供应社　　　　（6）商贩

（7）自学　　　　　　（8）技术手册　　　　　（9）网络

（10）手机短信

03a. 气象等自然气候信息获取途径：（　　　）。

03b. 生产资料供应、价格、销售渠道等市场信息获取途径：（　　　）。

03c. 新品种、病虫害防治、畜禽疫病等种养殖技术信息获取途径：
（　　　）。

03d. 政府扶持政策等信息获取途径：（　　　）。

04. 您家最近 3 年采用过＿＿＿项种植或养殖新技术或新品种，分别
是＿＿＿＿＿＿＿＿＿＿＿＿＿＿。

05. 当您要使用某项新品或新技术时，最先要考虑哪几方面的因素？
（　　　）（多选）

（1）气候条件适宜　　　　（2）是否会高产

（3）是否品质好　　　　　（4）价格是否有保障

（5）销路是否有保障　　　（6）投入成本是否高

（7）政府是否给予补贴　　（8）是否抗病虫害

06. 相比从前，您获得信息能力是否提高？（　　）

（1）没有提高　　　（2）较小提高　　　（3）一般

（4）较大提高　　　（5）很大提高

07. 农业技术推广站对您的生产是否有帮助？（　　）

（1）没有帮助　　　（2）较小帮助　　　（3）一般

（4）较大帮助　　　（5）很大帮助

08. 您觉得政府技术部门为农户提供服务时，采用哪几种方式最好？
（　　）（多选排序）

（1）技术培训和讲座　　　（2）现场生产指导

（3）发放种植技术手册　　（4）广播和电视讲座

（5）手机短信技术服务　　（6）其他_____

09. 您觉得农业技术部门还有哪方面需要进一步的改进？（　　）
（多选）

（1）增加技术培训　　　　（2）多田间技术指导

（3）多发放农业技术手册　（4）增加技术员数量

（5）多推介新品种　　　　（6）提高工作效率

G3 国家农业政策

01. 您觉得当地获得贷款是否容易？（　　）

（1）不容易　　　（2）容易　　　（3）不知道

02. 如果您家需要资金贷款，其贷款途径是（　　）。

（1）私人借款　　　（2）银行贷款

（3）财政贴息贷款　（4）企业赊贷

03. 若获得贷款，一般贷款方式为（　　）。

（1）保证贷款　　　（2）抵押贷款

（3）质押贷款　　　（4）联保贷款

04. 您对国家农业信贷政策是否满意？（　　）

（1）不满意　　　（2）不太满意　　　（3）一般

（4）比较满意　　　　　　（5）满意

G4 农村能源需求

01. 您家目前能源来源和需求情况

项目	电力	煤炭	煤气	薪柴	汽油	柴油	暖气
费用（元/年）							

02. 您家是否使用了沼气？（　　　）

（1）是　　　　　　　　（2）否【跳至03题】

02a. 如果使用，是从_____年开始使用的，决定使用沼气的主要原因是（　　　）。

（1）政府给予补贴　　　　（2）环保节能

（3）看别人用的效果好　　（4）自发需求

（5）其他_____

02b. 您家使用沼气前后比较，在做饭、照明、农药和化肥等方面节约费用情况：

项目	做饭	照明	节约化肥	节约农药	合计
节约费用（元/年）					

03. 如果您家没使用沼气，原因是（　　　）。

（1）环境条件不适合　　（2）成本太高　　　　（3）缺资金

（4）缺技术　　　　　　（5）无示范户　　　　（6）政策实施不到位

04. 您觉得在沼气建设方面还存在什么样的问题，如何改进？

H 农户的环保意识

01. 您对目前环境状况是否有所关注？（　　　）

（1）关注　　　　　　　（2）不关注

02. 您对目前所在村的环境状况评价是（　　　）。

（1）差　　　　　　　　（2）较差　　　　　　（3）一般

（4）较好　　　　　　　（5）好

03. 您认为您所在的村近五年来环境状况有何变化？（　　）

（1）变得很差　　　　（2）有些差　　　　　　（3）没有变化

（4）有些好转　　　　（5）明显好转

03a. 如果变好，原因是：_____；如果变差，原因是：_____。

04. 村里是否有专门的垃圾收集点？（　　）

（1）有【跳至05题】　（2）没有

04a. 若没有，是否期望设定专门的垃圾收集地点？（　　）

（1）不期望　　　　　（2）无所谓　　　　　　（3）期望

05. 您家生活垃圾如何处理？（　　）

（1）随意丢弃　　　　（2）专门的垃圾堆放点

（3）填埋　　　　　　（4）焚烧

06. 您家生活或养殖废水排放是如何处理的？（　　）

（1）直接排放到周围环境　（2）排放到路边沟渠

（3）有专门下水道排放　　（4）其他

07. 您家厕所粪便是如何处理的？（　　）

（1）直接排放到周围环境　（2）作农家肥

（3）专用下水道排出　　　（4）用作沼气发酵

08. 您家秸秆（玉米、水稻）是如何处理的（各占比例情况）？

（1）生活燃料或作饲料（比例为_____%）

（2）废弃或焚烧（比例为_____%）

（3）秸秆还田或制沼气（比例为_____%）

（4）销售（比例为_____%）

09. 您家畜禽粪便是如何处理的？（　　）

（1）闲置丢弃　　　　（2）作农家肥　　　　　（3）销售

10. 您家对农药塑料包装品是如何处理的？（　　）

（1）就地丢弃　　　　（2）卖给废品收购站

（3）送垃圾回收站　　（4）焚烧　　　　　　　（5）深埋

11. 您家对用过的农膜是如何处理的？（　　）

（1）就地丢弃　　　　（2）卖给废品收购站

（3）送垃圾回收站 （4）焚烧 （5）深埋

12. 您觉得导致垃圾随意排放其主要原因是（　　）。（多选）

（1）村民的环保意识不强

（2）相关企业没有社会责任

（3）没有好的监督和约束机制

（4）基础设施落后，没有集中地垃圾清理点和下水道

（5）其他_____

13. 如果村里对垃圾和污水集中处理并收取适当费用，您觉得每人每年收多少费用您能接受：_____。

（1）10 元以下 （2）10 ~ 20 元

（3）20 ~ 40 元 （4）40 元以上

I 农户对循环农业的认知及参与意愿调查

01. 您是否听说过"循环经济""绿色农业"或"生态农业"这些词语？（　　）

（1）清楚 （2）一般了解

（3）听说过，但不是很清楚 （4）没听说过【跳至 02 题】

01a. 您是通过什么渠道了解"循环经济"或"生态农业"这些词语？（　　）（多选）

（1）村委会宣传 （2）亲朋好友介绍

（3）电视、报纸 （4）农业技术员

（5）网络 （6）其他_____

02. 目前，您村里正在推行哪些农业政策项目？（　　）

（1）新农村建设 （2）乡村清洁工程

（3）生态农业示范 （4）农业综合开发 （5）其他_____

03. 您家是否参与了以上农业政策项目？（　　）

（1）没参加【跳至 04 题】 （2）准备参加 （3）已经参加

03a. 如果参与了，您参与以上农业政策项目的主要原因是（　　）。

（1）政府给予补贴 （2）自发需求

（3）示范效果较好 （4）村委会动员

04. 如果您没有参与，是否有参与的意愿？（　　）

（1）是【跳至 05 题】　（2）否

04a. 如果您没有参与的想法，其主要原因是（　　）。

（1）不了解情况　　（2）资金不足　　　　（3）效果不明显

（4）成本太高　　　（5）不需要

05. 您是否了解有关无公害农产品、绿色农产品或有机农产品？（　　）

（1）很清楚　　　　　　（2）一般了解

（3）听说过，但不是很清楚　（4）没听说过

06. 您目前是否在从事以上方面的农产品生产？（　　）

（1）是　　　　　　（2）否【跳至 06b 题】

06a. 若从事该生产，产品价格同一般产品相比，价格如何？（　　）

（1）高出＿＿％　（2）差不多

06b. 如果目前没从事该方面生产，您是否打算以后从事无公害农产品生产？（　　）

（1）是　　　　　　（2）否

07. 您在打农药时，是否按照说明书上的配备比例进行操作？（　　）

（1）比说明书标准少用量（＿＿％）　（2）严格按说明书上的标准

（3）超出说明书标准（＿＿％）

08. 您是否使用过生物农药（例如用赤眼蜂防治玉米螟技术)？（　　）

（1）有　　　　（2）没有

09. 如果用过生物农药，使用的主要原因是（　　）。

（1）防治效果好　　（2）对环境无污染

（3）政府无偿推广　　（4）产品产量提高

（5）产品价格提高

10. 您认为目前有哪些原因会导致农产品质量安全问题？（　　）（多选）

（1）只有增加农药量，才能防病虫害和除草

（2）生产技术缺乏

（3）生产成本太高

（4）无统一施肥和农药标准

（5）资金困难

（6）环保意识不强

J 农户对农业专业合作社、企业和政府在循环农业中的作用与功能感知

J1 农业专业合作社和农业企业

01. 村里是否有农业专业合作社或专业技术协会？（　　）

（1）没有【跳至08题】　　　　　　　　　（2）有

02. 如果有，合作社或协会个数有___个，分别是从事____、____、____生产的合作社。

03. 您是否加入了农业专业合作社或专业技术协会？（　　）

（1）没加入　　　　（2）加入　　　　（3）准备加入

（4）以前加入过，已经退出，原因为：_____

04. 合作社性质是（　　）。

（1）群众自发组织　　　（2）政府扶持，民间发起

（3）企业或供销社发起

05. 合作社会员规模是（　　）。

（1）5～10人　　　（2）11～20人　　　（3）21～50人

（4）51～100人　　　（5）100人以上

06. 当地合作社履行的主要职能有哪些？（　　）

（1）统一生产资料　　　（2）技术推广指导　　　（3）产品加工

（4）信贷担保服务　　　（5）统一品牌　　　（6）统一销售

06a. 合作社履行以上职能的效果如何？（　　）

（1）没有作用　　　（2）不明显　　　（3）一般

（4）较好　　　（5）很好

07. 您觉得当地合作社存在的主要问题有（　　）。（多选）

（1）章程和制度不完善　　　（2）内部管理不规范

（3）服务职能不完善　　　（4）发展资金欠缺

（5）规模小，对农户的带动效果不明显

（6）村委会支持力度不够　　　（7）其他_____

08. 村里及周边是否有规模较大的涉农企业？（　　　）

（1）没有【跳至 J2 题】　　　（2）有

09. 如果有，企业共有＿＿个，分别是从事＿＿＿＿＿、＿＿＿＿＿、＿＿＿＿＿生产的企业，企业性质是＿＿＿＿（①民营 ②国营 ③集体企业 ④公私合营 ⑤外资及其他），企业资产平均规模为＿＿＿＿＿＿元。

10. 您觉得企业对农户生产规模带动作用如何？（　　　）

（1）没有作用　　　　（2）不明显　　　　（3）一般

（4）作用较大　　　　（5）作用很大

11. 您觉得企业对农户收入带动作用如何？（　　　）

（1）没有作用　　　　（2）不明显　　　　（3）一般

（4）作用较大　　　　（5）作用很大

12. 您觉得企业在促进农户增收过程中还有哪些问题？（　　　）（多选）

（1）不履行合同规定　　（2）拖欠货款　　　　（3）压价

（4）不能同农户共同承担风险　　　　　　　（5）其他＿＿＿＿＿＿

13. 当地涉农企业的主要职能有哪些？（　　　）（多选）

（1）统一生产资料　　（2）技术推广指导

（3）产品加工　　　　（4）信贷担保服务

（5）统一品牌　　　　（6）统一销售

14. 合作社履行以上职能的效果如何？（　　　）

（1）没效果　　　　（2）不明显　　　　（3）一般

（4）较好　　　　　（5）很好

J2 各级政府主要职能评价

名称	广播电视通信服务	拓展产品销售渠道	标准化生产服务	信贷服务
效果				

注：效果选项包括：①没效果，②不明显，③一般，④较好，⑤很好。

村级调查问卷（Ⅱ）

问卷编号：_____ 调查地点：_____县_____乡（镇）_____村

调查员：_____ 调查日期：_____年_____月_____日

受访村干部姓名：_____ 职务：_____联系电话：_____

A 受访村基本情况

01. 去年村名小组个数_____，总户数（户）_____，总人口数（人）_____，其中文盲人数_____人，本村距离县城有_____公里。

02. 全村土地总面积_____亩，其中耕地总面积_____亩，鱼塘总面积_____亩，园地总面积_____亩，其他（　　）_____亩，全村共有_____亩农田实行机械化作业；有_____亩为设施农业。

03. 畜牧和家禽养殖业情况：全村养殖牛_____头，猪_____头，养殖家禽_____只，其他（　　）_____。其中大中型养殖场有_____个，大规模养殖户有_____户。

04. 村里农民专业合作社或农业技术协会个数有____个，名称分别为：_____。

05. 入村较大规模的企业个数为_____个，主要从事_____、_____生产，其中最大企业名称为：_____。

06. 村干部规模及素质结构：

姓名	年龄	职务	受教育年限	工作年限	其他职业

注：1. 第一位为被调查人；2. 其他职业包括：①务农，②企业工人，③医生，④教师、公务员等事业单位人员，⑤无工作，⑥自营工商业者，⑦公司管理人员，⑧其他。

B 基础设施和资源状况

01. 村里是否正在实行以下项目？（　　　）

（1）新农村建设（"五改三建"）①（2）乡村清洁工程

（3）生态农业示范　　　　　　　（4）农业综合开发

（5）其他

01a. 如果以上实行项目推广了，请问将有_____农户参加，如果没有，计划在_____年建设。

02. 目前村里公路总长度有_____公里，其中硬化公路（水泥路和沥青路）的数量是_____公里。

03. 您对乡村交通如何评价？（　　　）

（1）差　　　　　　　（2）较差　　　　　　　（3）一般

（4）较好　　　　　　（5）好

04. 村里农户电视_____台，可以上互联网的有_____户。

05. 村里是否修建了自来水厂？（　　　）

（1）没有修建　　　　　　　　（2）正在修建【跳至06题】

（3）已修建

05a. 如果没修建，是否计划要修建？（　　　）

（1）是，计划_____年修建　　　（2）否

05b. 如果修建了，目前水价是_____元/吨，能供给_____农户用水。

06. 目前全村有_____亩耕地可以得到灌溉，有_____亩耕地不能保证灌溉，有_____亩地只能望天收。

07. 目前村里的农田水利设施状况如何？（　　　）

（1）很差　　　　　　（2）比较差　　　　　　（3）一般

（4）较好　　　　　　（5）很好

08. 全村有农业灌溉沟渠_____条，其中可以用来灌溉的有_____条，渗漏的有_____条，不能使用的有_____条。如果水利设施很差或比较差，

---

① "五改三建"就是按照新农村建设的要求，进行"改厕、改水、改圈、改厨、改路和建园、建池、建家"。

请问主要存在哪些方面的问题？ _____

09. 目前村里的水利设施是如何管理的？（　　）

（1）由村集体管理　　　　　　　（2）组建用水协会来经营管理

（3）由村民投资经营管理　　　　（4）其他_____

10. 最近的一次农田水利建设是在_____年，当时组织者是（　　）。

（1）上级政府　　　　　　　　　（2）村集体

（3）村民自己组织的　　　　　　（4）其他

11. 村里是否推广了户用沼气池？（　　）

（1）是　　　　　　　　　　　　（2）否【跳至12题】

（3）正在修建中

11a. 如果修建推广了，建一口沼气的成本是_____元，其中政府给予补贴_____元；全村用上沼气的有_____农户。

12. 如果村里水源受到污染，主要是下列哪些污染？（　　）（多选）

（1）生活垃圾污染　　　　　　　（2）养殖业牛粪污染

（3）化肥、农药污染　　　　　　（4）工业排废

（5）水源本身存在不健康因素　　（6）地下有害物质含量过高

（7）其他污染

13. 村里是否有专门的垃圾清理点？（　　）

（1）有　　　　　　　　　　　　（2）没有

（3）正在规划　　　　　　　　　（4）正在修建

13a. 若有，出资修建者是（　　）。

（1）上级政府　　　　　　　　　（2）村集体

（3）村民集资　　　　　　　　　（4）其他

14. 村里是否有专门的污水处理厂？（　　）

（1）有　　　　　　　　　　　　（2）没有

（3）正在规划　　　　　　　　　（4）正在修建

14a. 如果有，出资修建者是（　　）。

（1）上级政府　　　　　　　　　（2）村集体

（3）村民集资　　　　　　　　　（4）其他

14b. 现在是否在运行？（　　）

（1）否　　　　　　　　　　　　（2）是【跳至 15 题】

14c. 如果没有运行，主要原因是（　　）。

（1）乡镇政府没有资金维护运转

（2）村民不愿意集资运行

（3）上级政府只出资修建，而不管维护运行

（4）其他_____

15. 如果本村统一修建下水道来解决生活污水排放问题，您是否觉得可行？（　　）

（1）可行【跳至 16 题】　　　　　（2）不可行

15a. 若不可行，主要原因是（　　）。

（1）缺乏资金　　　　　　　　　（2）群众居住分散，条件不适合

（3）村民缺乏环保意识　　　　　（4）其他_____

16. 村里一般采取什么方式为农户提供科技和市场信息？（　　）（多选）

（1）宣传栏　　　　　（2）广播　　　　　（3）口头通知

（4）召开群众大会　　（5）发放资料　　　（6）其他方式

17. 村里去年在农业科技方面做了哪些工作？（　　）

（1）技术培训（_____人次）

（2）请科技人员下田间实际指导（_____人次）

（3）发放技术资料（_____人次）

（4）为农户提供新品种_____项、新技术_____项

（5）其他（_____人次）

18. 对于这些公共服务，请您回答以下三个问题：（多选排序）

（1）农田水利建设　　　　　　　（2）饮用水的改善

（3）环境污染治理　　　　　　　（4）市场信息服务

（5）土壤改良　　　　　　　　　（6）农产品质量检验

（7）生产技术指导和培训　　　　（8）政策性贷款

（9）病虫害测报　　　　　　　　（10）就业培训

（11）农用电网改造　　　　　　　（12）广播电视网络建设

18a. 对以上公共服务方面，您认为哪些需要最迫切？（　　）

18b. 您觉得哪项公共服务对本村发展循环农业最重要？（　　）

18c. 您觉得哪项最需要政府改革或投资？（　　）

C 村基层组织对发展循环农业的认知

01. 您是否了解"循环农业""绿色农业"或"生态农业"？（　　）

（1）清楚　　　　　　　　　　（2）一般了解

（3）听说过，但不是很清楚　　（4）没听说过

02. 您认为目前发展循环农业最重要的是从哪些方面做起？（　　）
（多选排序）

（1）废弃物的资源利用，使产业链延长和升级

（2）进行规模生产和标准化操作

（3）加强循环农业技术推广力度

（4）加强循环农业宣传

（5）加强政府投资，对循环农业生产给予补贴和支持

（6）加强农业基础设施建设

03. 本村是否进行无公害农产品生产？（　　）

（1）有　　　　　（2）没有　　　　　（3）准备生产

04. 本村是否申请了无公害农产品商标？（　　）

（1）有　　　　　　　　　　（2）没有【跳至 05 题】

（3）打算申请

04a. 如果申请了，一共申请_____个，其中申请成本是_____元。

05. 各级政府对农户发展循环农业是否有专门的扶持措施？（　　）

（1）有　　　　　　　　　　（2）没有【跳至 06 题】

05a. 如果有，具体有哪些措施？_____。

06. 本村对发展循环农业是否有统一规划：

（1）有　　　　　　　　　　（2）没有【跳至 07 题】

如果有，具体有哪些规划？_____。

07. 您对国家提倡的发展循环农业是否有好的建议和想法？_____

_____。

涉农企业调查问卷（Ⅲ）

问卷编号：_____ 调查地点：_____县_____乡（镇）_____村

调查员：_____ 调查日期：_____年_____月_____日

受访者姓名：_____ 职务：_____ 联系电话：_____

A 企业基本情况

01. 企业全称为_____，企业成立时间____年____月。

02. 企业经营的性质为（   ）。

（1）集体企业　　　　　　　（2）个体私营

（3）有限责任公司　　　　　（4）股份有限公司

（5）合伙企业

03. 企业去年销售规模为（   ）。

（1）500 万元以下　　　　　（2）500 万~2000 万元

（3）2001 万~5000 万元　　（4）5000 万元以上

04. 企业的主产品是_____，副产品主要有_____、

_____、_____、_____等。

05. 企业主营产品品牌有_____、_____、_____等。

06. 企业获得证书情况有（   ）。

（1）省级名牌产品证书　　　（2）省名牌农产品证书

（3）市级著名商标　　　　　（4）其他（   ）

07. 企业产品获得认证情况为（   ）。

（1）无公害食品认证　　　　（2）有机食品认证

（3）绿色食品认证　　　　　（4）ISO14000 系列环保体系认证

（5）ISO9000 系列质量体系认证　（6）HACCP（食品安全）体系认证

（7）其他_____

08. 企业占地总面积_____亩，其中厂房面积_____亩，堆肥场

面积_____亩。

09. 该企业共有员工_____人，其中农民工_____人，城镇居民_____人，农民工中来自本地农村_____人，外地农村_____人。

B 企业生产情况

B1 有机肥加工产出

名称	有机肥	生物农药	生物菌剂	其他
产量（吨）				
平均价格（元/吨）				

B2 有机肥加工投入

名称	牛/猪粪	秸秆粉	米糠	玉米	发酵剂	雇工（工日）	机械设备	其他
总数量（吨）								
总费用（元）								

注：秸秆粉包括玉米秸、稻秸、豆秸、花生秧、红薯秧、杂草等。

01. 企业收集农户牛粪（猪粪）的方式是（   ）。

（1）农户支付一定费用　　　　　（2）免费

（3）企业按一定价格收购，价格为_____元/立方米

02. 当前企业有机肥价格为_____元/吨，利润为_____元/吨。

03. 该行业利润处于什么样的水平？（   ）

（1）无利润　　　　　　　　　　（2）低利润

（3）中利润　　　　　　　　　　（4）高利润

B3 沼气和沼肥加工产出

名称	沼气	有机肥	生物农药	辅助产品	其他
产量（立方米或吨）					
平均价格（元/立方米或吨）					

B4 沼气和沼肥加工投入

名称	猪粪	秸秆	氮肥	玉米粉	发酵剂	雇工（工日）	机械设备	其他
总数量（吨）								
总费用（元）								

01. 企业收集农户畜禽粪便资源的方式是（　　）。

（1）农户支付一定费用　　　　（2）免费

（3）企业按一定价格收购，价格为_____元/立方米

02. 目前您觉得该行业的利润处于什么样的水平？（　　）

（1）无利润　　　　　　　　　（2）低利润

（3）中利润　　　　　　　　　（4）高利润

C 该企业产值利润等情况

代码	名称		单位	前两年	前一年	去年
01	主产品产量	牛	头			
		猪	只			
		鸡（鸭）	百只			
02	主产品产值		万元			
03	副产品产量	沼气	立方米			
		有机肥	吨			
		沼液	吨			
04	副产品产值		万元			
05	销售收入		万元			
06	利润		万元			

01. 目前企业是否实施产品多样化，例如生产有机肥、生物农药及蚯蚓养殖等？（　　）

（1）是　　　　　　　　　　　（2）否

02. 目前企业发展面临的主要困难是（　　）。

（1）销路不足　　　　　　　　（2）资金缺乏

（3）技术不高　　　　　　　　（4）土地

（5）人才匮乏　　　　　　　　（6）优质原料缺乏

（7）成本上升

03. 企业需要政府相关部门牵头组织哪些服务活动？（　　）

（1）人才培训　　　　　　　　（2）投融资服务

（3）上下游产业链的技术对接　（4）政策法规咨询

（5）环境治理　　　　　　　　（6）寻找原料基地

（7）信息服务

04. 本企业与带动农户间利益分配机制是怎么样的？ _____
_____。

05. 本企业与带动农户间利益监督机制是怎么样的？ _____
_____。

D 市场情况

01. 企业产品的主要销售地点：省内_____省外_____

02. 是否有进出口经营权？（　　）

（1）是　　　　　　　　　　（2）否

03. 是否销往国外？（　　）

（1）是　　　　　　　　　　（2）否

E 基地建设情况

序号	内容	前两年	前一年	去年
01	基地个数（个）			
02	基地规模（百亩）			
03	畜禽养殖量（万头、万只）			
04	基地建设总投资（万元）			
05	基地总产值（万元）			

F 农民合作经济组织（合作社＋协会）建设情况

序号	内容	前两年	前一年	去年
01	成立农民合作经济组织数（个）			
02	合作社农户规模（人）			
03	全体成员投资总额（万元）			
04	组织合作经济组织成员技术培训次数（人次）			

农业循环经济中农户行为理论分析与实证研究

参 考 文 献

1. 白宇飞、王冠群：《我国排污收费制度的变迁历程及改革完善措施》，载于《学术交流》2011 年第 11 期。

2. 毕于运：《秸秆资源评价与利用研究》，中国农业科学院博士学位论文，2010 年。

3. 蔡亚庆、仇焕广、徐志刚：《中国各区域秸秆资源可能源化利用的潜力分析》，载于《自然资源学报》2011 年第 10 期。

4. 曹暕、孙顶强、谭向勇：《农户奶牛生产技术效率及影响因素分析》，载于《中国农村经济》2005 年第 10 期。

5. 常向阳、韩园园：《农业技术扩散动力及渠道运行对农业生产效率的影响研究——以河南省小麦种植区为例》，载于《中国农村观察》2014 年第 4 期。

6. 陈百明、张正峰、陈安宁：《农作物秸秆气化利用技术与商业化经营案例分析》，载于《农业工程学报》2005 年第 10 期。

7. 陈灿、罗必良：《农业龙头企业对合作农户的关系治理》，载于《中国农村观察》2011 年第 6 期。

8. 陈红：《循环经济增长模式的经济主体利益博弈分析》，载于《学术交流》2005 年第 12 期。

9. 陈美球、冯黎妮、周丙娟等：《农户耕地保护性投入意愿的实证分析》，载于《中国农村观察》2008 年第 5 期。

10. 陈强：《高级计量经济学及 Stata 应用》，高等教育出版社 2013 年版。

11. 陈诗波、王亚静：《循环农业生产技术效率外生性决定因素分析》，载于《中国人口·资源与环境》2009 年第 4 期。

12. 陈新锋：《对我国农村焚烧秸秆污染及其治理的经济学分析——兼论农业现代化过程中农业生产要素的工业替代》，载于《中国农村经济》2001 年第 2 期。

13. 陈智远、石东伟、王恩学等：《农业废弃物资源化利用技术的应用进展》，载于《中国人口·资源与环境》2010 年第 12 期。

14. 程绍明、马杨晖、姜雄晖：《我国畜禽粪便处理利用现状及展望》，载于《农机化研究》2009 年第 2 期。

15. 仇焕广、莫海霞、白军飞等：《中国农村畜禽粪便处理方式及其影响因素——基于五省调查数据的实证分析》，载于《中国农村经济》2012 年第 3 期。

16. 仇焕广、严健标、蔡亚庆等：《我国专业畜禽养殖的污染排放与治理对策分析——基于五省调查的实证研究》，载于《农业技术经济》2012 年第 5 期。

17. 褚彩虹、冯淑怡、张蔚文：《农户采用环境友好型农业技术行为的实证分析——以有机肥与测土配方施肥技术为例》，载于《中国农村经济》2012 年第 3 期。

18. 崔和瑞：《基于循环经济理论的区域农业可持续发展模式研究》，载于《农业现代化研究》2004 年第 2 期。

19. 崔明、赵立欣、田宜水等：《中国主要农作物秸秆资源能源化利用分析评价》，载于《农业工程学报》2008 年第 12 期。

20. 崔新蕾、蔡银莺、张安录：《农户减少化肥农药施用量的生产意愿及影响因素》，载于《农村经济》2011 年第 11 期。

21. 崔新卫、张杨珠、吴金水、彭福元：《秸秆还田对土壤质量与作物生长的影响研究进展》，载于《土壤通报》2014 年第 6 期。

22. 邓启明、黄祖辉：《循环经济及其在农业上的发展应用研究综述》，载于《浙江工商大学学报》2006 年第 6 期。

23. 董鸿鹏、吕杰、周艳波：《农户技术选择行为的影响因素分析》，载于《农业经济》2007 年第 8 期。

24. 杜传忠、刘英基：《中国农村工业化发展循环经济的博弈分析及对策研究》，载于《中国人口·资源与环境》2010 年第 9 期。

25. 冯伟、黄力程、李文才：《我国农作物秸秆资源化利用的经济分析：一个理论框架》，载于《生态经济》2011 年第 2 期。

26. 弗兰克·艾利思：《农民经济学——农民家庭农业与农业发展》，胡景北译，上海人民出版社 2006 年版。

27. 高旺盛、陈源泉、梁龙：《论发展循环农业的基本原理与技术体系》，载于《农业现代化研究》2007 年第 6 期。

28. 巩前文、张俊飚、李瑾：《农户施肥量决策的影响因素实证分析——基于湖北省调查数据的分析》，载于《农业经济问题》2008 年第 10 期。

29. 顾树华、张希良、王革华：《能源利用与农业可持续发展》，北京出版社 2001 年版。

30. 郭红东：《龙头企业与农户订单安排与履约：理论和来自浙江企业的实证分析》，载于《农业经济问题》2006 年第 2 期。

31. 郭晓鸣、廖祖君、张鸣鸣：《现代农业循环经济发展的基本态势及对策建议》，载于《农业经济问题》2011 年第 12 期。

32. 国家统计局：《中国统计年鉴 2013》，中国统计出版社 2013 年版。

33. 韩鲁佳、闫巧娟、刘向阳等：《中国农作物秸秆资源及其利用现状》，载于《农业工程学报》2002 年第 3 期。

34. 韩晓燕、翟印礼：《中国农业生产率的地区差异与收敛性研究》，载于《农业技术经济》2005 年第 6 期。

35. 韩玉、龙攀、陈源泉等：《中国循环农业评价体系研究进展》，载于《中国生态农业学报》2013 年第 9 期。

36. 何浩然、张林秀、李强：《农民施肥行为及农业面源污染研究》，载于《农业技术经济》2006 年第 6 期。

37. 黄明元、邹冬生、李东晖：《农业循环经济主体行为博弈与协同优势分析——兼论政府发展农业循环经济的制度设计》，载于《经济地理》2011 年第 2 期。

38. 黄鹏、杨亚丽、杨育川：《不同秸秆还田方式及施肥对小麦复种小油菜经济效益的影响》，载于《中国农学通报》2013 年第 27 期。

39. 黄少安、孙圣民、官明波：《中国土地产权制度对农业经济增长的影响——对 1949～1978 年中国大陆农业生产效率的实证分析》，载于《中国社会科学》2005 年第 3 期。

40. 黄武、黄宏伟、朱文家：《农户秸秆处理行为的实证分析——以江苏省为例》，载于《中国农村观察》2012 年第 4 期。

41. 黄映晖、戎承法、张正河：《DEA 方法在小麦生产效率衡量中的应用》，载于《农业技术经济》2004 年第 5 期。

42. 黄祖辉、胡豹、黄莉莉：《谁是农业结构调整的主体——农户行为及决策分析》，中国农业出版社 2005 年版。

43. 黄宗智：《华北的小农经济与社会变迁》，中华书局 2000 年版。

44. 姜娟、赵斌、刘海涛等：《辽宁省有机肥料利用现状、存在的问题、发展对策及前景》，载于《土壤通报》2003 年第 4 期。

45. 焦源：《山东省农业生产效率评价研究》，载于《中国人口·资源与环境》2013 年第 12 期。

46. 李崇光、陈诗波：《乡村清洁工程：农户认知、行为及影响因素分析——基于湖北省的实证研究》，载于《农业经济问题》2009 年第 4 期。

47. 李后建：《农户对循环农业技术采纳意愿的影响因素实证分析》，载于《中国农村观察》2012 年第 2 期。

48. 李鹏、杨志海、张俊飚等：《资源性农业废弃物循环利用绩效的区域差异问题研究——以农户基质化为例》，载于《经济地理》2013 年第 3 期。

49. 李庆康、吴雷、刘海琴等：《我国集约化畜禽养殖场粪便处理利用现状及展望》，载于《农业环境保护》2000 年第 4 期。

50. 李太平、徐超：《江苏省农作物秸秆资源能源化潜力与区域分布研究》，载于《江苏社会科学》2011 年第 5 期。

51. 李轶冰、杨改河、楚莉莉等：《中国农村户用沼气主要发酵原料资源量的估算》，载于《资源科学》2009 年第 2 期。

52. 李振宇、黄少安：《制度失灵与技术创新——农民焚烧秸秆的经济学分析》，载于《中国农村观察》2002 年第 5 期。

53. 林毅夫：《再论制度、技术与中国农业发展》，北京大学出版社2000年版。

54. 林毅夫：《制度、技术与中国农业发展》，上海三联书店1994年版。

55. 刘凤芹：《不完全合约与履约障碍——以订单农业为例》，载于《经济研究》2003年第4期。

56. 刘梅、王咏红、高瑛等：《农户有机肥施用量及其影响因素分析》，载于《统计与决策》2009年第12期。

57. 刘勤、何志文、郑砚砚、檀律科、张斌：《农户秸秆还田采用行为影响研究》，载于《中国农业资源与区划》2014年第5期。

58. 刘天学、纪秀娥：《焚烧秸秆对土壤有机质和微生物的影响研究》，载于《土壤》2003年第4期。

59. 马凤才、赵连阁、任莹：《黑龙江省农业生产效率分析》，载于《农业技术经济》2008年第2期。

60. 马骥：《农户粮食作物化肥施用量及其影响因素分析——以华北平原为例》，载于《农业技术经济》2006年第6期。

61. 马骥：《我国农户秸秆就地焚烧的原因：成本收益比较与约束条件分析——以河南省开封县杜良乡为例》，载于《农业技术经济》2009年第2期。

62. 马其芳、黄贤金、彭补拙等：《区域农业循环经济发展评价及其实证研究》，载于《自然资源学报》2005年第6期。

63. 曼昆：《经济学原理微观经济学分册》，梁小民译，北京大学出版社2006年版。

64. 钱忠好、崔红梅：《农民秸秆利用行为：理论与实证分析——基于江苏省南通市的调查数据》，载于《农业技术经济》2010年第9期。

65. 屈小博：《不同规模农户生产技术效率差异及其影响因素分析——基于超越对数随机前沿生产函数与农户微观数据》，载于《南京农业大学学报（社会科学版）》2009年第3期。

66. 恰亚诺夫：《农民经济组织》，萧正洪译，中央编译出版社1996年版。

67. 任勇、陈燕平、周国梅、冯东方：《我国循环经济的发展模式》，载于《中国人口·资源与环境》2005 年第 5 期。

68. 茹敬贤：《农户施肥行为及影响因素分析》，浙江大学硕士学位论文，2008 年。

69. 芮雯奕、周博、张卫建：《江苏省农户秸秆还田的影响因素分析》，载于《生态环境学报》2009 年第 5 期。

70. 石磊、赵由才、柴晓利：《我国农作物秸秆的综合利用技术进展》，载于《中国沼气》2005 年第 2 期。

71. 时悦：《农业生产效率变动分析，分解及调整目标——基于 DEA 方法的实证研究》，载于《华南农业大学学报（社会科学版）》2007 年第 4 期。

72. 苏小松、何广文：《农户社会资本对农业生产效率的影响分析——基于山东省高青县的农户调查数据》，载于《农业技术经济》2013 年第 10 期。

73. 孙昌久、翟东升、张桂清：《以酒糟为主饲喂育肥牛的效果》，载于《黑龙江畜牧兽医》1992 年第 7 期。

74. 孙铁珩、宋雪英：《中国农业环境问题与对策》，载于《农业现代化研究》2008 年第 6 期。

75. 田宜水：《中国规模化养殖场畜禽粪便资源沼气生产潜力评价》，载于《农业工程学报》2012 年第 8 期。

76. 王琛、胡玉福、魏晋等：《区域农业废弃物资源存量估算及利用现状》，载于《四川农业大学学报》2011 年第 1 期。

77. 王济民、张存根、史照林等：《秸秆养牛的经济效益评估——安徽阜阳地区农户秸秆养牛实例分析》，载于《农业技术经济》1996 年第 5 期。

78. 王礼力、王敏：《不完全合约与农村合作经济组织》，载于《农村经济》2008 年第 11 期。

79. 王舒娟、张兵：《农户出售秸秆决策行为研究——基于江苏省农户数据》，载于《农业经济问题》2012 年第 6 期。

农业循环经济中农户行为理论分析与实证研究

80. 王舒娟:《江苏省农户秸秆综合利用的实证研究》,南京农业大学博士学位论文,2012 年。

81. 王亚静、毕于运、高春雨:《中国秸秆资源可收集利用量及其适宜性评价》,载于《中国农业科学》2010 年第 9 期。

82. 王亚静、祁春节:《我国契约农业中龙头企业与农户的博弈分析》,载于《农业技术经济》2007 年第 5 期。

83. 吴景贵、孟安华、张振都等:《循环农业中畜禽粪便的资源化利用现状及展望》,载于《吉林农业大学学报》2011 年第 3 期。

84. 吴丽花:《农户购买有机肥的影响因素分析》,南京农业大学硕士学位论文,2010 年。

85. 武志杰、张海军、许广山、张玉华、刘春萍:《玉米秸秆还田培肥土壤的效果》,载于《应用生态学报》2002 年第 5 期。

86. 西奥多·W. 舒尔茨:《改造传统农业》,梁小民译,商务印书馆 2006 年版。

87. 肖小虹:《科技水平与农业生产效率关系的实证研究》,载于《财经问题研究》2012 年第 12 期。

88. 谢识予:《经济学博弈论》,复旦大学出版社 2002 年版。

89. 谢宇:《回归分析》,社会科学文献出版社 2010 年版。

90. 邢美华、张俊飚、黄光体:《未参与循环农业农户的环保认知及其影响因素分析——基于晋、鄂两省的调查》,载于《中国农村经济》2009 年第 4 期。

91. 徐卫涛、张俊飚、李树明等:《循环农业中的农户减量化投入行为分析——基于晋、鲁、鄂三省的化肥投入调查》,载于《资源科学》2010 年第 12 期。

92. 徐卫涛、张俊飚、李树明:《影响农户参与循环农业工程的因素分析》,载于《中国人口·资源与环境》2010 年第 8 期。

93. 许庆、章元:《土地调整、地权稳定性与农民长期投资激励》,载于《经济研究》2005 年第 10 期。

94. 许树辉:《循环经济模式的企业利益博弈与行为激励》,载于

《工业安全与环保》2010 年第 10 期。

95. 宣亚南、欧名豪、曲福田：《循环型农业的含义、经济学解读及其政策含义》，载于《中国人口·资源与环境》2005 年第 2 期。

96. 杨菊花：《数据管理与模型分析：STATA 软件应用》，中国人民大学出版社 2012 年版。

97. 尹昌斌、唐华俊、周颖：《循环农业内涵，发展途径与政策建议》，载于《中国农业资源与区划》2006 年第 1 期。

98. 尹昌斌、周颖：《循环农业发展的基本理论及展望》，载于《中国生态农业学报》2008 年第 6 期。

99. 余建斌、李大胜：《中国农业生产的技术效率及其影响因素分析》，载于《统计与决策》2008 年第 14 期。

100. 袁文华、孙日瑶：《作物秸秆循环利用的品牌经济学研究及案例分析》，载于《中国人口·资源与环境》2012 年第 12 期。

101. 张锋：《中国化肥投入的面源污染问题研究》，南京农业大学博士学位论文，2011 年。

102. 张福锁：《中国养分资源综合管理策略和技术》，引自揭益寿主编《中国绿色循环农业与社会主义新农村建设》，中国矿业大学出版社 2006 年版。

103. 张海成、张婷婷、郭燕等：《中国农业废弃物沼气化资源潜力评价》，载于《干旱地区农业研究》2012 年第 6 期。

104. 张利国：《垂直协作方式对水稻种植农户化肥施用行为影响分析——基于江西省 189 户农户的调查数据》，载于《农业经济问题》2008 年第 3 期。

105. 张培远：《国内外秸秆发电的比较研究》，河南农业大学硕士学位论文，2007 年。

106. 张维理、冀宏杰、Kolbe H、徐爱国：《中国农业面源污染形势估计及控制对策 II. 欧美国家农业面源污染状况及控制》，载于《中国农业科学》2004 年第 7 期。

107. 张维理、武淑霞、冀宏杰等：《中国农业面源污染形势估计及控制对策 I . 21 世纪初期中国农业面源污染的形势估计》，载于《中国农业科学》2004 年第 7 期。

108. 张银梅：《秸秆气化是农作物秸秆综合利用的一种有效途径》，载于《环境科学与管理》2006 年第 2 期。

109. 张月平、毛伟、李文西：《扬州市大型养殖场畜禽粪便资源化利用调查》，载于《江苏农业科学》2012 年第 9 期。

110. 张越杰、霍灵光、王军：《中国东北地区水稻生产效率的实证分析——以吉林省水稻生产为例》，载于《中国农村经济》2007 年第 5 期。

111. 张运华：《中国农业生产效率分析》，载于《统计与决策》2007 年第 4 期。

112. 章家恩：《农业循环经济》，化学工业出版社 2010 年版。

113. 赵贵玉、王军、张越杰：《基于参数和非参数方法的玉米生产效率研究——以吉林省为例》，载于《农业经济问题》2009 年第 2 期。

114. 赵连阁、蔡书凯：《农户 IPM 技术采纳行为影响因素分析——基于安徽省芜湖市的实证》，载于《农业经济问题》2012 年第 3 期。

115. 赵其国、钱海燕：《低碳经济与农业发展思考》，载于《生态环境学报》2009 年第 5 期。

116. 赵雪阳、吕军：《农村工业化进程中生态环境保护的博弈分析》，载于《生态经济》2009 年第 1 期。

117. 赵永清、唐步龙：《农户农作物秸秆处置利用的方式选择及影响因素研究——基于苏、皖两省实证》，载于《生态经济》2007 年第 2 期。

118. 钟太洋、黄贤金、王柏源：《非农业就业对农户施用有机肥的影响》，载于《中国土地科学》2011 年第 11 期。

119. 周洁红、姜励卿：《农产品质量安全追溯体系中的农户行为分析——以蔬菜种植户为例》，载于《浙江大学学报（人文社会科学版）》2007 年第 2 期。

120. 周荣华、张明林：《绿色食品生产中农户机会主义治理分析》，载于《农村经济》2013 年第 1 期。

121. 周曙东、王艳、朱思柱：《中国花生种植户生产技术效率及影响因素分析——基于全国 19 个省份的农户微观数据》，载于《中国农村经济》2013 年第 3 期。

122. 周腰华、张广胜：《辽宁省农业生产效率的 DEA 分析》，载于《农业经济》2010 年第 2 期。

123. 朱建春、李荣华、杨香云等：《近 30 年来中国农作物秸秆资源量的时空分布》，载于《西北农林科技大学学报（自然科学版)》2012 年第 4 期。

124. 朱启荣：《城郊农户处理农作物秸秆方式的意愿研究——基于济南市调查数据的实证分析》，载于《农业经济问题》2008 年第 5 期。

125. 左正强：《农户秸秆处置行为及其影响因素研究——以江苏省盐城市 264 个农户调查数据为例》，载于《统计与信息论坛》2011 年第 11 期。

126. Alston J M, Pardey P G, James J S, Andersen M A. The economics of agricultural R&D. *Agribusiness*, Vol. 16, No. 8, 2009, pp. 102 – 131.

127. Benli B, Kodal S. A non-linear model for farm optimization with adequate and limited water supplies: application to the South-east Anatolian Project (GAP) Region. *Agricultural Water Management*, Vol. 62, No. 3, 2003, pp. 187 – 203.

128. Byerlee D, De Janvry A, Sadoulet E. Agriculture for development: Toward a new paradigm. Annu. Rev. *Resour. Econ.* , Vol. 1, No. 1, 2009, pp. 15 – 31.

129. De Koeijer T J, Wossink G A A, Struik P C, et al. Measuring agricultural sustainability in terms of efficiency: the case of Dutch sugar beet growers. *Journal of Environmental Management*, Vol. 66, No. 1, 2002, pp. 9 – 17.

130. Duan N, Lin C, Liu X D, et al. Study on the effect of biogas project on the development of low carbon circular economy – A case study of Beilangzhong eco-village. *Procedia Environmental Sciences*, Vol. 5, No. 2, 2011, pp. 160 – 166.

131. Ervin D E. Soil erosion control on owner-operated and rented crop-

农业循环经济中农户行为理论分析与实证研究

land. *Journal of Soil and Water Conservation*, Vol. 37, No. 5, 1982, pp. 285 – 288.

132. Ewida K T, El-Salmawy H, Atta N N, et al. A sustainable approach to the recycling of rice straw through pelletization and controlled burning. *Clean Technologies and Environmental Policy*, Vol. 8, No. 3, 2006, pp. 188 – 197.

133. Farrell M J. The measurement of productive efficiency. *Journal of the Royal Statistical Society. Series A (General)*, 1957, Vol. 120, No. 3, pp. 253 – 281.

134. Fischer G, Ermolieva T, Ermoliev Y, et al. Livestock production planning under environmental risks and uncertainties. *Journal of Systems Science and Systems Engineering*, Vol. 15, No. 4, 2006, pp. 399 – 418.

135. Fumagalli M, Acutis M, Mazzetto F, et al. An analysis of agricultural sustainability of cropping systems in arable and dairy farms in an intensively cultivated plain. *European Journal of Agronomy*, Vol. 34, No. 2, 2011, pp. 71 – 82.

136. Gangnibo C N, Cheng S, Huang L, et al. Sustainable agriculture in benin: strategies for applying the Chinese circular agriculture model. *Journal of Sustainable Development*, Vol. 3, No. 1, 2010, pp. 69 – 69.

137. Gómez-Limón J A, Sanchez-Fernandez G. Empirical evaluation of agricultural sustainability using composite indicators. *Ecological Economics*, Vol. 69, No. 5, 2010, pp. 1062 – 1075.

138. Greyson J. An economic instrument for zero waste, economic growth and sustainability. *Journal of Cleaner Production*, Vol. 15, No. 13, 2007, pp. 1382 – 1390.

139. Guo J, Cai L. Research on the Comparison between Traditional Industry and Ecological Industry. *Far East Journal of Psychology and Business*, Vol. 2, No. 3, 2011, pp. 36 – 42.

140. Hayati D, Ranjbar Z, Karami E. Measuring agricultural sustainability. *Biodiversity, Biofuels, Agroforestry and Conservation Agriculture*, Vol. 15, No. 6, 2011, pp. 73 – 100.

141. Heinemann J A, Massaro M, Coray D S, et al. Sustainability and innovation in staple crop production in the U S Midwest. *International Journal of Agricultural Sustainability*, Vol. 12, No. 1, 2014, pp. 71 – 88.

142. Huang W Y. A framework for economic analysis of livestock and crop byproducts utilization. *American Journal of Agricultural Economics*, Vol. 61, No. 1, 1979, pp. 91 – 96.

143. Jun H, Xiang H. Development of circular economy is a fundamental way to achieve agriculture sustainable development in China. *Energy Procedia*, Vol. 5, 2011, pp. 1530 – 1534.

144. K. T. Ewida, H. El-salmawy, N. N. Atta, et al. A sustainable approach to the recycling of rice straw through pelletization and controlled burning. *Clean Technologies and Environmental Policy*, Vol. 8, No. 3, 2006, pp. 188 – 197.

145. Khanna M, Crago C L. Measuring indirect land use change with biofuels: Implications for policy. *Annu. Rev. Resour. Econ.*, Vol. 4, No. 1, 2012, pp. 161 – 184.

146. Koohafkan P, Altieri M A, Gimenez E H. Green agriculture: foundations for biodiverse, resilient and productive agricultural systems. *International Journal of Agricultural Sustainability*, Vol. 10, No. 1, 2012, pp. 61 – 75.

147. Li H, Bao W, Xiu C, et al. Energy conservation and circular economy in China's process industries. *Energy*, Vol. 35, No. 11, 2010, pp. 4273 – 4281.

148. Li Z, Wang G, Qi F. Current situation and thinking of development of protected agriculture in China. *Chinese Agricultural Mechanization*, Vol. 1, 2012, pp. 7 – 10.

149. Liu D, Li H, Wang W, et al. Constructivism scenario evolutionary analysis of zero emission regional planning: A case of Qaidam Circular Economy Pilot Area in China. *International Journal of Production Economics*, Vol. 140, No. 1, 2012, pp. 341 – 356.

农业循环经济中农户行为理论分析与实证研究

150. Lunnan A. Agriculture-based biomass energy supply—a survey of economic issues. *Energy Policy*, Vol. 25, No. 6, 1997, pp. 573 – 582.

151. Ma Y, Chen L, Zhao X, et al. What motivates farmers to participate in sustainable agriculture? Evidence and policy implications. *International Journal of Sustainable Development & World Ecology*, Vol. 16, No. 6, 2009, pp. 374 – 380.

152. Maria Rosa Teira-esmatges, X Flotats. A method for livestock waste management planning in Ne Spain. *Waste Management*, Vol. 23, No. 10, 2003, pp. 917 – 932.

153. Maria Rosa Teira-esmatges, X Flotats. Livestock waste treatment systems for environmental quality, food safety, and sustainability. *Bioresource Technology*, Vol. 100, No. 22, 2009, pp. 5527 – 5536.

154. McInerney J P, Howe K S, Schepers J A. A framework for the economic analysis of disease in farm livestock. *Preventive Veterinary Medicine*, Vol. 13, No. 2, 1992, pp. 137 – 154.

155. Montgomery D R. Soil erosion and agricultural sustainability. *Proceedings of the National Academy of Sciences*, Vol. 104, No. 33, 2007, pp. 13268 – 13272.

156. Norse D. Low carbon agriculture: objectives and policy pathways. *Environmental Development*, Vol. 1, No. 1, 2012, pp. 25 – 39.

157. Nunez J, Mcan L. Determinants of manure application by crop farmers. *Journal of Soil and Water Conservation*, Vol. 63, No. 5, 2008, pp. 312 – 321.

158. Padkho N. A new design recycle agricultural waste materials for profitable use rice straw and maize husk in wall. *Procedia Engineering*, Vol. 32, No. 10, 2012, pp. 1113 – 1118.

159. Polasky S, Segerson K. Integrating ecology and economics in the study of ecosystem services: some lessons learned. *Resource*, Vol. 1, No. 6, 2009, pp. 160 – 182.

160. Pretty J. Agricultural sustainability: concepts, principles and evidence. *Philosophical Transactions of the Royal Society B: Biological Sciences*, Vol. 363, No. 1491, 2008, pp. 447 – 465.

161. Qu Changsheng, Li Bing, Wu Haisuo, et al. Controlling air pollution from straw burning in China calls for efficient recycling. *Environmental Science & Technology*, Vol. 46, No. 15, 2012, pp. 7934 – 7936.

162. Reganold J P, Jackson-Smith D, Batie S S, et al. Transforming US agriculture. *Science*, Vol. 332, No. 6030, 2011, pp. 670 – 671.

163. Robert Innes. The economics of livestock waste and its regulation. *American Journal of Agricultural Economics*, Vol. 82, No. 1, 2000, pp. 97 – 117.

164. Rosentrater K A, Richard T L, Bern C J, et al. Economic simulation modeling of reprocessing alternatives for corn masa byproducts. *Resources, Conservation and Recycling*, Vol. 39, No. 4, 2003, pp. 341 – 367.

165. Shi L, Xing L, BI J, et al. Circular economy: a new development strategy for sustainable development in China. Proc. *Third World Congress of Environmental and Resource Economists*, Japan. 2006.

166. Su B, Heshmati A, Geng Y, et al. A review of the circular economy in China: moving from rhetoric to implementation. *Journal of Cleaner Production*, Vol. 42, 2013, pp. 215 – 227.

167. Taylor D L, Miller W L. The adoption process and environmental innovations: a case study of a government project. *Rural Sociology*, Vol. 43, No. 4, 1978, pp. 634 – 648.

168. Tilman D, Cassman K G, Matson P A, Naylor R, Polasky S. Agricultural sustainability and intensive production practices. *Nature*, Vol. 418, No. 6898, 2002, pp. 671 – 677.

169. Tomislav Vukina. The relationship between contracting and livestock waste pollution. *Review of Agricultural Economics*, Vol. 25, No. 1, 2003, pp. 66 – 88.

农业循环经济中农户行为理论分析与实证研究

170. Tu W, Zhang L X, Zhou Z, et al. The development of renewable energy in resource-rich region: a case in China. *Renewable and Sustainable Energy Reviews*, Vol. 15, No. 1, 2011, pp. 856 – 860.

171. Waithaka M M, Thornton P K, Shepherd K D, et al. Factors affecting the use of fertilizers and manure by smallholders: the case of Vihiga, Western Kenya. *Nutrient Cycling in Agroecosystems*, Vol. 78, No. 3, 2007, pp. 211 – 224.

172. Wallerstein I. *The modern world-system I: capitalist agriculture and the origins of the European world-economy in the sixteenth century, with a new prologue*. Oakland: Univ of California Press, 2011.

173. Wang X, Shen J, Zhang W. Emergy evaluation of agricultural sustainability of Northwest China before and after the grain-for-green policy. *Energy Policy*, Vol. 67, 2014, pp. 508 – 516.

174. Williams T O. Factors influencing manure application by farmers in semi-arid West Africa. *Nutrient Cycling in Agroecosystems*, Vol. 55, No. 1, 1999, pp. 15 – 22.

175. Xi H. Models of circular economy on agriculture in Yunnan Province. *Energy Procedia*, Vol. 5, 2011, pp. 1078 – 1083.

176. Yanyan L. Innovation of China's circular agricultural development in the perspective of low carbon economy. *Asian Agricultural Research*, Vol. 3, No. 6, 2011, pp. 5 – 8.

177. Zheng L. A preliminary study on rural circular economy system in Jilin. *International Journal of Business and Management*, Vol. 4, No. 12, 2009, pp. 86 – 89.

178. Zhu B, He M. Study on the law regulations about circular regions. *Journal of Sustainable Development*, Vol. 2, No. 1, 2009, pp. 172 – 176.

后　记

本书是在笔者博士论文基础上修改完成的。研究的选题和思路得益于自己的博士生导师吕杰教授和中科院沈阳应用生态研究所郗凤明研究员。

吕老师不但治学严谨，为人正直，而且具有豁达的胸怀和乐观的人生态度，这将对我以后生活和工作产生积极影响，也是我终生学习的榜样。记得吕老师在我博士论文写作期间，对我提出的问题都逐一认真、细致和耐心地回答，并且经常推荐好的文章让我阅读，使我受益匪浅，甚至吕老师在外出赴党校学习期间，还百忙之中抽出时间返校对我的论文结构框架提出中肯详细的修改建议，这使我深深地感受到恩师缜密的逻辑思维和深厚的学术功底；郗老师是我在攻读博士学位期间，母校沈阳农业大学与中科院沈阳应用生态研究所的联合培养指导老师，他思路开阔，学术扎实，精通英语，著作颇丰，我们经常在饭后散步时，一起交流，促膝长谈，亦师亦友，不亦乐乎。

感谢我的硕士导师周静和周虹老师，也正是她们引领我走进了学术研究的殿堂，为我的学术生涯打下了扎实的基础，在与她们的沟通和交流中，我受益匪浅，她们平和乐观的性格深深地影响着我。

同时，感谢师母黄晓波教授经常在生活上对我的照顾和帮助，回忆起每次师门聚会，恩师和师母的音容笑貌、温和厚爱般地谆谆教诲及大家的欢声笑语，至今仍在耳际萦绕，这些都将深深地影响着我。

"大爱无言、大音希声、大象无形"，在此，我要衷心地对以上恩师们说一声：谢谢你们！

求学四年，有幸聆听沈阳农业大学经济管理学院各位老师的教诲与指导，他们是王绍仪教授、张广胜教授、戴蓬军教授、王春平教授、陈珂教授、兰庆高教授、刘钟钦教授、翟印礼教授、景再方教授、李大兵副教授、韩晓燕副教授、刘强副教授、张锦梅副教授、施雯副教授、陈立双副教授、谭晓婷副教授、江金启副教授、梅开副教授、刘洪彬副教授等，他们崇高的师德、渊博的学问及严谨的态度，令我深深折服，感谢他们的传道、授业和解惑。特别是陈珂教授、李旻教授、杨肖丽教授、周密教授、韩晓燕副教授、王振华副教授，在我论文后期写作过程中，能够经常及时解疑释惑，给予帮助和指导，再次向各位老师表示衷心感谢！同时感谢参加预答辩的各位老师，感谢他们的认真评议，并提出了宝贵的修改意见，还有其他许多对我生活和学习上关照过的老师，在此无法一一提及，一并谢过！

感谢求学期间一直友好相处的同窗好友：王积田博士、李岩博士、王振华博士、惠献波博士、柳延恒博士、杨燕博士、牛亚丽博士、孙健博士、郝鑫浩博士、刘云茹博士、洪静敏博士、代兴梅博士、高男博士和丁娜博士，还有好友赵宝忱、孙若愚、王绪龙、宁国强、姜健、陈军民、罗振军、哈野、杜亮、董会娟、刘竹、王晓光、赵红艳等，感谢与你们曾经一起相处的那段愉快生活，祝你们在各自行业中取得更大成就！

感谢我的家人多年来对我的体贴和照顾，家人永远是坚强的后盾，无私地给予我各种帮助，感谢我的父亲、母亲、岳父、岳母、爱人、哥哥、嫂子、姐姐和姐夫对我的支持！

最后，将拙作献给刚出生不久的小宝宝萱萱，祝愿你每天快乐健康地成长！

王志刚

2021 年 6 月

图书在版编目（CIP）数据

农业循环经济中农户行为理论分析与实证研究／王志刚，
吕杰著. —北京：经济科学出版社，2021.9
ISBN 978 – 7 – 5218 – 2800 – 9

Ⅰ.①农…　Ⅱ.①王…②吕…　Ⅲ.①农户经济 – 研究 –
中国　Ⅳ.①F325.1

中国版本图书馆 CIP 数据核字（2021）第 169470 号

责任编辑：宋艳波
责任校对：李　建　孙　晨
责任印制：王世伟

农业循环经济中农户行为理论分析与实证研究

王志刚　吕杰　著

经济科学出版社出版、发行　新华书店经销

社址：北京市海淀区阜成路甲 28 号　邮编：100142

总编部电话：010 – 88191217　发行部电话：010 – 88191540

网址：www.esp.com.cn

电子邮箱：esp@esp.com.cn

天猫网店：经济科学出版社旗舰店

网址：http://jjkxcbs.tmall.com

北京季蜂印刷有限公司印装

710 × 1000　16 开　13.5 印张　200000 字

2021 年 10 月第 1 版　2021 年 10 月第 1 次印刷

ISBN 978 – 7 – 5218 – 2800 – 9　定价：60.00 元

（图书出现印装问题，本社负责调换。电话：010 – 88191510）

（版权所有　翻印必究　举报电话：010 – 88191586

电子邮箱：dbts@esp.com.cn）